小学校国語

「深い学び」をうむ

授業改善

プラン｜説明文

編著

全国国語授業研究会
筑波大学附属小学校国語研究部

東洋館出版社

はじめに

　学習指導要領の全面実施を受けて、教科書が改訂され、新しい教育が始まりました。新型コロナウイルスの感染の影響で、教育現場は大きな混乱の時期にありますが、この時こそ教師も学びを止めず、子どもたちのために何をすべきか、何ができるかを考えることが必要です。一人ひとりの子どもがこれからの時代を生きぬく力を伸ばすためには、知識享受型の学習から、自ら知を生み出していく学びへの転換が求められているのです。

　このような時代や背景の中で、国語科の授業も変革していかなければなりません。しかし従来から、国語の授業に対して、何をどのようにやればよいのか分からない、やり方が多様すぎて、自分のやっている授業がこれでよいのか自信がもてない、という声を聞いてきました。ここであらためて、「主体的・対話的で深い学び」をうむために、国語科の授業を見直すことが必要です。

　「深い学び」とは何か。本研究会では、たとえば、『ごんぎつね』を読む学習の中で、ごんの気持ちをより深く想像し、発言することができたとか、『やまなし』の作品の主題を、大人顔負けの言葉で書くことができた、というような断片的な捉え方で考えてはいません。「深い学び」は、自ら問いをもち、その解決のために今まで学んで身に付けてきた「読み方」を駆使して、仲間と共に試行錯誤しながら読み続けていくという、一人ひとりの子どもの姿の中にあると考えています。一握りの子どもによって表現されたもの、発言された言葉は、あくまでもその子の学びの結果です。クラスの全ての子どもが、同じ土俵の上で自分の学びを展開していく過程を、私たち教師は大切にしなければなりません。

　本書は、教科書新教材といわゆる定番教材を教材研究し、「深い学び」をうむ授業改善プランとして提案しています。もちろん、本書で示した方法だけが改善プランだとは考えていません。本書が、子どもの資質・能力を育成するための「深い学び」につながる授業づくりに、少しでも役立つことができれば幸いです。

　最後に、本書の刊行に際して東洋館出版社の西田亜希子氏、刑部愛香氏には多大なご支援をいただきました。ここにお礼申し上げます。

令和3年2月

全国国語授業研究会会長　青木伸生

もくじ

第 1 章

「深い学び」をうむ 授業の姿を考える

提案授業

座談会

大塚健太郎
（文部科学省教科調査官）

青木 伸生
（筑波大学附属小学校）

青山 由紀
（筑波大学附属小学校）

桂 聖
（筑波大学附属小学校）

白坂 洋一
（筑波大学附属小学校）

弥延 浩史
（筑波大学附属小学校）

５年「言葉の意味が分かること」
単元名：要旨をとらえ、
　　　　自分の考えを発表しよう

授業者：青山由紀（筑波大学附属小学校）
児童：筑波大学附属小学校５年
◎初出『子どもと創る「国語の授業」No.69』
　一部再構成し掲載しています。

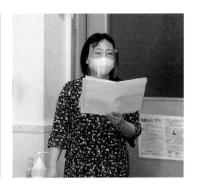

1　本単元と教材について

　５年生の最初の説明文単元である。「要旨のとらえ方」を学ばせることをねらい、「見立てる」という短い教材と、「言葉の意味が分かること」の二つの教材をセットにして扱う単元である。

　単元の扉に「二つの文章は、文化や言葉に表れた、わたしたちのものの見方の特徴について述べています。」とあるように、二つの教材は内容的な共通点をもつ。また、複数の事例を挙げた両括型の文章という形式的な共通点ももつ。

2　学習者自身に問いをもたせるために

　高学年の読みの学習では、要旨をとらえる力をつけることが重要である。しかし、学習者は始めから「要旨をとらえたい」とは思わない。学習者自身の課題にする工夫が必要である。

◆内容に対する興味から

　説明文を読む時、私たちはまず「どんなことが書いてあるだろう」と、内容に興味をもって読み始める。「どのような構成で書かれているのだろう」などと、形式を読み取ろうとは思わない。このことは、小学生も同じである。

　そこで、第二教材の導入時に、指導者が見聞きした例として「朝食にスープ（ジュース）を食べました」「バス停にバスがあります」という文を挙げた。子どもたちは、「どこかおかしい」「どうして、このようなことが起きるのだろう」と興味をもった。それを踏まえ本時では、「マスクを着る」「ズボンを着る」といった例を子どもが見つけてきた。そこで、これら誤用の原因の手がかりを探ろうと、第二教材を読むことにした。本時は、各自が全文通読し、気付いたことを話すところから始まった。

◆内容から筆者の考え、そして形式に

　本教材は、複数の事例が書かれており、導入で示したものと同じ誤用例も述べられている。子ども達は、まずは事例、つまり内容を読み取る。次第にまとまり（意味段落）を考え始める。その過程で、「筆者の伝えたいことは何だろう」という課題が生じ、そのためには文章構成も考えざるを得ない。学びながら子どもの中で課題が変化していく。これら一連の流れの中で見つけたキーワードは、最後に要旨をまとめるためのキーワードとなる。

3　単元の流れ（全８時間）　○は時数

第一次　「見立てる」を読む　　　　②
第二次　「言葉の意味が分かること」を読む　　　　　　⑤
第三次　筆者の考えに対して自分の考えを書き、互いに読み合う　　①

〔導入〕

1　前時までの復習

青山　前回の授業で、どんな話をしていましたか？

児童　朝食にスープやジュースを食べる時の言い方の話をしました。

児童　似たようなことで、「マスクをつける」じゃなくて、「マスクを着る」っていう言い方もできるんじゃないかな。

児童　おかしい気がするけど、言葉としては通じるよね。

青山　これ、英語だとなんて言っていたっけ？

児童　「wear」って言うよ。

青山　そうだね。「身に付ける」という意味で英語だと「着る」っていう意味だけど、日本語だと。

児童全　つける。

青山　ズボンは？

児童全　履く。

青山　あと一つ、前回話に挙がっていたのが……。

児童　「バス停にバスがあります。」

──3つの文を板書。

児童　「バス停にバスがあります。」も変だよね。

児童　でも、意味は通じるよ。

青山　それぞれのどこがおかしいのか、なぜこんなことが起きるのかというところで終わっていました。それで、これから今井さんの文章を読んで、このことについて考えていくんだったね。「言葉の意味が分かること」とは、一体どういうことなのか、筆者の伝えたいことはなんなのか。このことを考えながら読んでいきましょう。その前に段落は全部で？

児童全　12。

青山　そう、12段階でした。気が付いたことは、音読が終わってから発表してもらいますから、順番に音読してください。気付いたことは線を引いておいてね。

解説

前時の話題に触発されて子どもが見つけてきた誤用例を取り上げた。書かれている内容への興味を喚起するとともに、何を読み取るのか課題を確かめた。

〔展開〕

2　文章のまとまりを捉える

──最後まで音読が終わると、元気よく数人が挙手。

児童　気が付いたことがある。9段落の前に「この言いまちがいの原因は」って書いてあるから、9段落を読めば原因が分かると思う。

青山　9段落のどこか分かる？　何行目？

児童　14行目。

青山　「なぜ、起きたのか」のという原因については9段落に書いてありそうかな。

児童　7段落の最後に「言葉の意味のはんいを広げて使いしぎたのです」って書いてある。

児童　7段落は6段落の内容について書いてて、8段落からは違う話になってると思う。

青山　いくつかまとまりに分けられそうってことですね。
　　　では、まとまりはいくつか考えてみましょう。文章の
　　　役割や働きで考えてもいいですね。考えてみましょう。
──児童、それぞれで考える。その間に数字が書かれたカー
　　ドを黒板に貼る。

青山　では、考えを教えてください。
児童　3段落と4段落はコップの例のまとまり。
青山　ここがまず一か所。では、それ以外には？
──数名が挙手。

青山　では、2人、前に出て黒板に書いて説明してください。
──児童が5〜7をまとめ、「言葉の使い方」を書く。

青山　どうしてセットで考えたの？
児童　5段落に「一つの言葉がどこまで使えるのか、全ての
　　　事物を見て、確かめることはできません。」って書い
　　　てあって、このことの例が6と7に書かれているから。
青山　5段落の最初に書いてある「一つの言葉がどこまで使
　　　えるのか」ということについて、書かれているまとま
　　　りだと考えたんだね。
児童　5段落の最初の文はコップの例の話をしていて、最後
　　　の「そのため、〜間違いをします。」っていう部分は、
　　　6、7の話をしていると思う。
青山　どうやら、3、4と5、6、7のセットで考えたい人と、3、
　　　4、5の半分と5の半分と6、7のセットで考えたい人
　　　がいるみたいだね。
児童　どれでもない派！　3から7がセット。5段落の「一
　　　つの言葉がどこまで使えるのか」は、コップの例が混
　　　じっていて、このあとの「小さな子どもは」からの内
　　　容は7まで入っているから、3から7をセットにした
　　　方がいいと思う。
青山　コップの例は最初でいいんだよね？　じゃあ、小さな
　　　子どもの例はどこから？
児童　5の後半から6、7。
青山　具体的にはコップの例と小さな子どもの例の2つがあ
　　　るということだね。では、ほかの人どうぞ。
──児童が前に出て、8から11をひとまとめにする。

児童　あー。
──さらに、「いくつかの言語のつながりについて」と板書。

児童　8段落の最初に「同じことは、母語ではない言語を学
　　　ぶときにも起こります。」ってあって、僕たちが日常
　　　使う言語じゃない外国語でも起きるということ。そし
　　　て、10段落では韓国語と中国語のこと。それから、9
　　　段落では英語についてで、「英語と同じ感覚で『食べる』
　　　という言葉を使ったことが原因です。」とある。11段
　　　落にも「母語でも外国語でも、言葉を学んでいくとき
　　　には」ってあるから、11段落までいくつかの言語に
　　　ついて書かれていると考えました。
青山　確かに8から11の部分にはどんな例が書かれている
　　　かも見ていった方がいいかもしれないね。

解説

誤用の原因を探るために、
まとまりに分けて読もうと
している姿の見極め、意味
段落を考えさせる流れに
もっていった。

解説

本来は、隣の席の児童との
対話や、グループでの話し
合いなど、一人一人が自分
の考えを表出してから学級
全体での話し合いをさせた
いところである。

児童 11 を入れているのが、ちょっとおかしいかなって思う。12 段落の最初に「さらに」って書いてあるから、11 は 12 とつながっていると思う。

——代表児童が「さらに」と板書。

青山 12 段落が前の段落とくっついているという証拠に「さらに」という言葉を出してくれましたね。それにうなずいていた人はどうしてうなずいていたのかな？

児童 7 段落と 8 段落の部分について、8 段落の最初に「同じことは、母語ではない言語を学ぶときにも起こります。」と書いてあって、これはいくつかの言語のつながりについてと言葉の使い方の例のどちらにも入らない、境目になるんじゃないかなと思いました。

青山 8 段落の最初に「同じことは」と書かれていて、7 段落の続きだと考えることもできそう。
まずは筆者の考えはどこに書かれているかを考えてみよう。例は、読者の納得度を高めるために挙げられているものでした。なんのために納得度を上げようとしているのか、なんのために小さな子どもの例を挙げているのか。8、9、10 段落に挙げられていた例は？

児童 外国語の例。

青山 そうだね。母語ではない言語の例。例えば？

児童 「朝食にスープを食べました。」

児童 え、3 から 10 までずっと例ばっかり。

青山 そうだね、じゃあ、こんなにいっぱい例はいらないんじゃない？って思わない？

3 筆者の考えが書かれている箇所を見つける

児童 じゃあ、1 段落に考えが書かれていないとだめじゃん。

青山 つまり、筆者の伝えたいこと、考えがどこに書かれているかを見つけないといけないよね。筆者は「言葉の意味が分かること」がどういうことだと伝えたいのか。ということで、筆者の言いたいことは「ここだ！」と見つけられた人は？　じゃあ、なぜ例が使われているのか、筆者が伝えたいことは何なのか。

——児童はそれぞれで考え、少しずつ挙手する児童が増えていく。

児童 12 段落の最後に「考えてみてほしいのです。」と書いてあるから、そこが筆者の考え。

児童 11 段落の最後のところに筆者の考えが書かれていると思う。「つまり、母語でも外国語でも、言葉を学んでいくときには、言葉の意味を『面』として理解することが大切になるのです。」

青山 「言葉の意味を面として」。11 と 12 で 2 回出てきているね。次の人、発表してください。

児童 前の人の意見と同じで、12 段落の最後の部分にこの話を通して、伝えたいことが書かれている。題名の「言葉の意味が分かること」、言葉の意味について考えてみるってことが書かれているから、この部分が考えの

中でも強いんじゃないかなって思う。

児童　みんなと一緒で、「面」というのが大事だと思う。11段落の最後のところでも、「言葉を学んでいくときには、言葉の意味を『面』として理解することが大切になるのです。」って、「面」の部分を強調していると思う。

児童　11や12だけじゃなくて、1にも書かれている。

青山　1段落にも筆者の考えが書かれているということ？　黒板に筆者の考えがある部分を書いてください。

──代表児童が板書。

青山　今、1段落にも筆者の考えがあると言ってくれたけど、みんなどう？　ある？

児童全　ある。

青山　ここだ、という部分を探して線を引いてみて。みんながあると思っているのは、どこ？

児童　1と5と11と12。

児童　2段落の部分は話題提示になっていると思う。

青山　「それでは、言葉の意味に広がりがあるとは、どういうことなのでしょうか。」、この部分は何でしょうか。

児童　問い。

青山　そうだね、問いになっている話題提示だね。ここ、線を引いておこうか。

児童　さっき5段落の部分でいろいろ意見が出ていたけど、2で問いが出て、いろいろ例が出て、最後に考えが出てくるのは急な感じがするから、コップの例の後に5段落でいったんまとめが入っていると思う。

青山　ちょっと待ってね。いま、1に筆者の考えがあるっていうのに賛成している人？

──何名かが挙手。

青山　なるほど。それで2で話題提示があって。

児童　5になにかある。

児童　「一つの言葉がどこまで使えるのか、全ての事物を見て、確かめることはできません。」っていうのは、コップの例から考えた筆者の感想。それで、7段落の「この言いまちがいの原因は、自分が覚えた言葉を、別の場面で使おうとしてうまくいかなかったことといえます。言葉の意味のはんいを広げて使いすぎたのです。」っていう部分は、小さな子どもの例につながっていると思う。

児童　1にも問いがあると思う。

児童　「知らない言葉に出会ったとき、あなたはどうしますか。」っていうのも、問いの形の話題提示。

青山　じゃあ、これの答えが最後にくるのかな？

児童　1段落にまだ問いがある。「しかし、このとき本当に言葉の意味が分かったのでしょうか。」と書かれている。

児童　1段落目には「言葉を学ぶときに役立ち、ふだん使っている言葉やものの見方を見直すことにつながります。」と書いてあって、12段落には「ふだん使っている言葉やものの見方を見直すことにもつながります。」

解説

1段落と11・12段落に結論が述べられている両括型あることは理解している。ここで、〈始め・中・終わり〉を押さえなかったために、その後の混乱を招いた。

と同じようなことが書いてある。でも、ここでは「面」という言葉が新しく出ていて、前学習したときみたいにバージョンアップになっている。

児童　「見立てる」のときみたいだ。

青山　「見立てる」のときのように、バージョンアップ結論になっている、と。
　　　ここまでの意見をまとめると、まず1に対して11、12がバージョンアップ結論になっている。

児童　かもしれない。

青山　じゃあ、ここはハテナにしておくね。「見立てる」で学習したような形になっているんじゃないか、ということだね。

児童　12段落にも問いがあるよ。「どうしてスープは『食べる』ではなく、『飲む』というのか、考えたことがありましたか。」

児童　これは、筆者が問いかけているだけじゃない？

青山　どうやら、問いかけと話題提示としての問いは、文末だけ見ると同じだから、ちょっと整理しないといけないようだね。ということが、今回分かったね。実はほかにもたくさんあるかもしれないね。今日だけで、こんなにたくさん出てきたからね。一体、どれが話題提示の問いなのか、その後はどういうまとまりになっているのか、さらにバージョンアップ結論になっているのか、謎はこれだけたくさん出てきているけど、最終的には筆者が何を伝えたいのか、何のためにコップなどの例を出したのか、そこから分かることが何なのか、これから整理していきたいと思います。

解説

筆者の考えとして子ども達が指摘した言葉は、単元の終末での要旨を捉えて文章に書き表す際のキーワードとなる。第7時の布石とする。

解説

話題提示としての「問い」と、単なる読者への「呼びかけ」との違いが理解できていない子どもがいたため、ここで押さえた。次時に向けて、これから解決すべき課題を整理した。

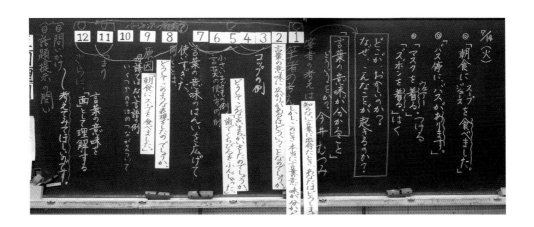

「深い学び」をうむ授業の姿を考える
―説明文編―

【参加者】

大塚健太郎（文部科学省教科調査官）　　　桂　　　聖（筑波大学附属小学校）

青木　伸生（筑波大学附属小学校）　　　　白坂　洋一（筑波大学附属小学校）

青山　由紀（筑波大学附属小学校）　　　　弥延　浩史（筑波大学附属小学校）

本座談会は 2021 年 1 月 18 日に zoom を用いて行いました。

1 「言葉の意味が分かること」の授業から

青山　令和 2 年版から新たに加わった、光村図書の「言葉の意味が分かること」という教材の 2 時間目です。従来から掲載されている「見立てる」という教材を 2 時間、そのあとにこの「言葉の意味が分かること」を読みました。

　導入では、身近な誤用の話から、つかみの課題「誤用はなぜ起きるのか」を考えていきました。

　この授業のねらいは「要旨を捉えて、自分の考えを発表しよう」なのですが、まだ要旨を捉えることは難しかったのか、拡散した話合いに長い時間をかけてしまい、本時ではまとまりを捉えるところで終わってしまいました。

　以降の時間では、「見立てる」で学んだことを振り返りながら、筆者の考えに対する納得度、特にこの文章ではタイプの違う事例がいくつも出てくるので、それぞれの役割について考えた上で、要旨について捉えさせていきました。

　このように、子どもから問題意識を発掘し、そこから要旨へ目を向けさせるねらいはありながらも、なかなか苦労したという実践です。

弥延　私は、子どもたちの問題意識から問いを立てたという部分で「主体的な学び」につながっているのではないかと思います。

　ただ、授業者である青山先生のねらいが「筆者の主張から要旨を捉えていく」という部分にあるのだとすれば、本論部分をいくつのまとまりに分けるのかというところから議論が始まってもいいと思いました。

青山　途中で「まとまりに分けて、まとめてみようか」という声かけはしましたが、意外と細かいところに目が向き続けてしまいました。それは最初に私が「言葉の意味が分かることとは？」とメインの発問として板書してしまったからではないのかなと思っています。

弥延　子どもも「ここを読みたい」というこだわりが強いような印象がありました。

　途中から黒板に出てきて書いていた子もいて、学びを深めようとしている姿だなと思って見ていました。ただ、学級としての学びをつくっていくときに、どう折り合っていけばいいのかという難しさがありますね。

白坂　私は題名に着目するという視点から、前半部分の「言葉の意味が分かること」の「意味」にふれた場面を題名につなげ、「問

い化」してもおもしろくなったのではないかと思いました。その「問い」に取り組んでいくと、まとまりに分ける必要性が自然と出てくるので、ねらいにも、すっと入れたのかなと感じました。

青山 私も「題名読み」でいくか、子どもの興味に寄り添っていくかで迷っていました。題名に関心がある子と身の回りの誤用に関心がある子で混じっていて、子どもの読みたいことがばらけていたのは確かです。

白坂 なるほど。とはいえ、子どもが前に出て、チョークで書いた部分は重要な部分ばかりでしたね。子どもというのは、自然と教材の重要な部分に目が向くものなのだなと思って授業を拝見していました。

青山 それは多分「見立てる」が似た内容で、シンプルで分かりやすかったから、ここで転用しやすかったのだと思います。

2 「主体的な学び」における教師の関わり

青木 本時以降は、子どもの読みは段々集約されて落ち着いていったのでしょうか。

青山 次の時間では不思議とさーっと落ち着いていきました。

青木 私もそういう経験があるのですが、まどろっこしいというか、ああでもないこうでもないという混沌とした時間があるからこそ、その後がすっと流れていくということがありますよね。どこかで子どもの思考の流れが整理される瞬間というか節目みたいなものがあるのでしょうね。それって1時間の中でもあるし、単元の何時間かの連続の中でもあるのだけれど、もしかしたら、そういった時間が必要なのではないかと聞いていて思いました。

白坂 授業において、教師がどこで、どこまで出るかという判断は難しいところです

が、そこを失敗すると後に響くというのはすごく共感しました。それから、青木先生がおっしゃっていた、混沌とした時間の後に、すーっと話題が流れていくというお話も、昨年の2月に公開授業で行った「スイミー」で経験したことを思い出しました。授業の前半部分では子どもの意見は「単声的」なのです。でも、教師の「問い返し」や「焦点化発問」によって、子どもの思考が、ぐっと集約されて、「多声的」へと変わる瞬間があります。やはり、教師が何をどのように発問するかが大きく関わってくるなと感じています。

青山 今の白坂先生の話を受けて考えると、「単声的」というみんながそれぞれ黒板に出てきて自分の考えを書いている時間、これは自分の考えを知らせたいという時間だったのだと思います。それが次の時間になると、「つまり、ここがまとまりで、だから筆者が言いたいことはここで出てきたのね」などと人の意見を聞くゆとりが出てきて、まとまっていきました。ここから考えると、教師がなにか問いかけてまとめていくという場合と、自然と子どもがほかの人の意見に目を向けるようになってまとまっていくという場合の、両方がありそうですね。

白坂 青山先生がまとまりに分けるということを板書で示したということが一つ大きな役割を果たしたと思います。

弥延 子どもたちも、好き勝手に話しているというわけでは決してなくて、自分の意見と何が共通点で何が違うのか、判断して話していました。そういう学級風土を青山先生が築かれていると感じました。だれがどういう根拠をもって話したかというのを聞いているのでしょうね。

青山 ノートの写真を見たら分かるよう

に、前時の後半に子ども自身が一人学びとして、まとまりをいろいろと考えてあり、それが手控えのような形で役に立っているということも大きいかもしれませんね。

青木 「深い学び」を生み出そうと考えると、子どもに教師が求めるような格調高い意見を言わせなきゃならないとか、説明的な文章だと「筆者の考えはこれだ！」と鋭い意見を言えるようにならなきゃならないとか思われてしまっては困るなと思います。

　主体的な学習の姿勢があるからこそ、周りの意見にも耳を傾けることができるのだろうし、最初はぐちゃぐちゃしているように見えるけれど、段々と洗練されていく、そういったトータルで学びの深さというものを見とれるのではないかと思っています。

青山 授業者である私は「こういう力を付けさせたい」というものはもちろんもっていますが、学習者が追究したくなるようなつかみの課題――内容への興味・関心をかきたてるような課題――に出合わせた上で、どう授業者のねらいに子どもを向かわせていくのかというのが重要になってきます。流れとしては、つかみの課題があって、本質的な課題に向かい、さらに自分なりの考えの形成を促す深める課題があるというように捉えられると思います (資料1、2)。

　ここには「対話」も大きく関わってきます。テキストとの対話、自己内対話が考えの形成には必要で、そのために系統指導というものがベースとして必要になってきます。それと、思考を視覚化する板書も大切な要素の一つです。さらに表現活動、言語化のプロセスが今回の学習指導要領でいうと、「多様な関係性の発見と創造」や「言葉による見方・考え方」を働かせるという観点からは外せないと思っています。

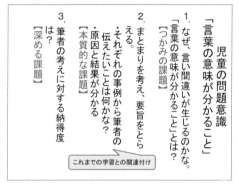

資料1　「主体的・対話的で深い学び」を実現する授業づくりの要素（青山）

資料2　「言葉の意味が分かること」の児童の問題意識の変容（青山）

3 「深い学び」を子どもの姿から考える

桂 文部科学省からは、「習得・活用・探究という学びの過程の中で、『見方・考え方』を働かせて、関係付けたり深く理解したり、考えを形成したり解決策を考えたり、創造したり」することに向かう「深い学び」という内容になっています。このことをもとにして私が考えたのは、「読むこと」でいうと、「互いの読みを交流する中で、既有の知識・技能を関連付ける」ということと、「『読みの着眼点（読み方）』を発見したり活用したりする」ということと、「『新たな解釈・意味』を創造する」ことの3つが大事なのではないかということです (資料3)。

　つまり、子どもの中にばらばらな知識・経験があったり、既有の読みの着眼点が

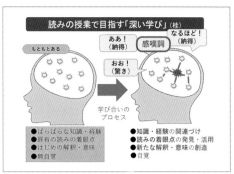

資料3　読みの授業で目指す「深い学び」（桂）

あったり、一人読みで得た解釈・意味があったりしたものを、友だちや教師と学び合うことによって、ばらばらだった知識が関連付いたりとか、新たな読みの着眼点が発見されたり、今までの読みの着眼点が活用されたりとか、さらには新たな読みの解釈・意味が創造されたりしていくのではないかと考えています。そのときには、「なるほど！」「ああ！」という感嘆詞が生まれると思います。その状態が「深い学び」ではないかと考えます。

　そういう面で見ると、青山先生の授業において、子どもが関連付けたり、新たな読みの着眼点を発見したり、新たな解釈や意味を創造したりしているのはどの辺りなのかをお聞きしたいです。

青山　本時においては、比喩表現の部分に関して一人学びで読み取ったことを発表していく中で自分が気付かなかった読みに対して、「あー！」という場面はありましたけれども、新たな解釈や意味を創造したり新たな読みの方略を獲得したりしての感嘆詞が生まれる段階にはありませんでした。

　その前に読んだ「見立てる」では事例について学んだものの活用に対して、「なるほど」といった程度です。

桂　今までと同じだ、というのも大切なことですよね。

白坂　本時は、雑誌の提案授業として構想

されていたため、特集題の「学習の『めあて』再考」にかかわっていました。そのため、子どもの「なぜ？」「どうして？」をという感嘆詞をいかに引き出すかという展開だったと思います。そういう意味では、黒板に「どういうこと？」と書かれていた、あの瞬間が「深い学び」に大きく関わっていたと思います。

桂　「問い」が生まれるということは、「新たな解釈・意味の創造」になるのかな。

青山　私の中では、単元前半のいったん読みが帰着したように見えるところから、もうひとひねり、もうひとゆさぶり入れていくという授業展開のイメージがあります。

　「問い」を生む気付きのポイントは、「関連付け」なのではないでしょうか。「前はこうだったのに、どうして今回は違うの？」と思うときに問いが生まれますよね。

桂　私は結び付くのが「深い」と捉えています。確かに「どうして？」というのも関連付けですね。

　前の時間に自分で気付いた誤用や考えを書いていたということでしたが、子どもとしてはそれを言いたかったというのがあるのではないでしょうか。

青木　自分の読みをそれだけもっているので、自分の読み手としての思いが本時の中では前面に出てきたということでしょうか。

青山　この文章は12段落ですから、十分に全体を見渡せる長さです。子どもは自ら発見した部分的な気付きを発表することで全体の把握に寄与していることを楽しんでいます。

桂　そうすると、「構造と内容の把握」に当てはまりますね。

青山　2時間目ですから、この段階ではそうですね。その次の段階のことを言ってい

る人もいるから混沌としていますが、それがおもしろいのでしょうね。

青木 やはり子どもを主体にしようとしたら、教師がどれだけもどかしさを我慢して抑えられるかという時間もきっと必要でしょうね。なんでもかんでも教師が敷いたレールに乗せようとすると、そのレールから外れてしまう子どももいると思います。これは非常に意味のある1時間だったのではないかと思います。

4 「深い学び」をうむサイクル

青木 説明文の学びのサイクルは、基本的には文学的な文章と同じで、「自分がもっている読み方（目のつけどころ）を駆使して、それらを更新しながら解釈をつくる」ということです（資料4）。

例えば、3年生の「めだか」（教育出版）であれば中心となる文を見つけることや、「第一に」「第二に」というナンバリングを使った分かりやすい書き方を知ることになります。その次にある「くらしと絵文字」（教育出版）という同じく3年生の教材を読むと、やはり同じようにナンバリングを見つけたり、中心文を見つけたりするという学習ができます。

「くらしと絵文字」にはまるごと具体例という段落があるので、その段落には中心となる文がありません。そうすると、仲間の考えを聞く中で、「この段落は全部が具体例だから、中心となる文がない段落だ」という新たな発見をして、新たな読み方を身に付けて、自分の読み方を上

書き保存していく。自分の読みをつくるという「主体的な学び」と、仲間と学ぶという「対話的な学び」で、学びを深くしていくのではないかと思います。

弥延 私も学びのサイクルについて、「学びのイメージ図」としてまとめてみました（資料5）。

例えば、1年生では重要な語や文を捉えていったり、時間の順序や事柄の順序というのを考えていったりします。中学年になってくると、それぞれの段落の内容を読んでいったり、段落の中の中心的な文章を見つけていったり、要約をしていったりと進んでいくと思います。

東京書籍の「自然のかくし絵」という文章では、段落の大事な文をまとめるという活動をして、要約につなげていきました。そのあとの「パラリンピックが目指すもの」を読んだときも、既習の学習をここでどうやって生かすか、そのときに子どもたちがいかに主体的に学習に臨めるかということを考え、最終的に表現につなげていくということが大事なのではないかと思いました。

「パラリンピックが目指すもの」では、競技の説明が中に入ってきて、子どもは中心文を考えるときにすごく悩みます。そういったときにパターンは違うけれど、「『自

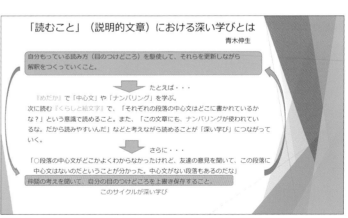

資料4 説明的な文章における深い学びのサイクル（青木）

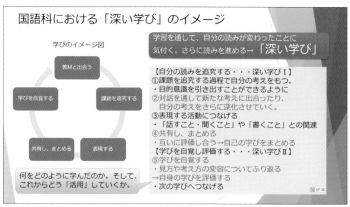

資料5 「深い学び」のイメージ図（弥延）

然のかくし絵』のときには段落の前半に中心文があったから、そこに着目すればよいのではないか」などと既習の内容とつなげて読んでいこうとする姿が見られた場面がありました。そういうような学びのつながりを子どもたちが自覚している姿が見えたときに、「前に『自然のかくし絵』で読んだ内容があったから、『パラリンピックが目指すもの』でも読めたのだね」というように教師が価値付けていくことが重要になってくるのではないかと思います。子どもが無自覚な部分を、はっきりと自覚できるように教師が言ってあげるというのは、中学年くらいの子どもたちに対しては必要になってくるような気がしています。

青木 教師が評価して、学びを自覚させていくというのは大事なことなのでしょうね。

5 「深い学び」のキーワード

白坂 説明文でも文学でも、これからの授業づくりでは「学習者主体」「問い」「協働」の3つがキーワードであり、"Learn"から"Do"の授業へ転換することが求められていると考えています（資料6）。では、そもそも資質・能力とは何かと言ったら、「言語能力」であり、「言葉による見方・考え

方」をいかに捉えるか、私は「言葉で表現されたモノ・コトを多面的・多角的にとらえ、意味づけること」と定義付けています。

説明的な文章における「見方・考え方」とは何かと考えたとき、低学年では、問いと答えの関係から捉える「説明内容」、中学年では段落相互の関係から原因・結果を捉えたり、事実と意見の関係から述べ方の工夫を読む「文章構成」、高学年では「主張と根拠」だと捉えています。一人の読者として、文章内容をどのように判断して読んでいくのかという読みの展開がなされると考えています。

ちなみに文学的な文章では、「中心人物の変容」「作品構造」「人物関係」の3つです。

「言葉の意味が分かること」と同じ教材の特性をもつ文章に、東京書籍の「ビーバーの大工事」があります。このときは題名を問いの形にして、「ビーバーの大工事は本当に大工事？」としました。ビーバーの大工事を3つの工程に分けて説明しているのですが、その中で「どれが一番大変な仕事なのか」ということを考えていく授業でした。子どもは説明内容を捉えていきながら、その子たちなりに自分の考えを説明していき

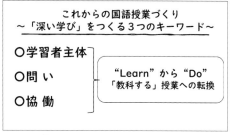

資料6 「深い学び」をつくる3つのキーワード（白坂）

ました。

青木 では、大塚先生、先生がお考えになる説明的な文章の授業づくりについてお話しいただけますでしょうか。

大塚 みなさんの話を伺っていて、授業をどう計画的につくっていくのかということと、子どものやる気にどこまで付き合っていくのか、ということのバランスが重要なように感じました。それを偶然のように取り込んでいく教師の力量というものも当然必要であり、高めていかなくてはいかなければなりません。いかに必然性をもたせられるかなど、働きかけていくということが必要になってくると思います。

特に若い先生方には、必然性をもたせて働きかけていくということが、どこか一方的で形式的になってしまう部分があるのかなと個人的には感じています。そのあたりをうまく整理していく、今回の授業で言えば、子どもたちのやる気にはうまく付き合っていけたけれど、それをどう伝えていくのか、また授業者の先生はどうしてそれに反応できたのかということを整理していくというか、イメージをどうつくっていくのかということが、大事な要素なのかもしれません。

学習指導要領に示されている、国語で正確に理解し、適切に表現するということに毎時間の授業、一つの単元として向かっているかということを見ていくことが必要になるのではないでしょうか。

説明的な文章は、どちらかと言えば、文章の構成や論の進め方をつかむことが目標として位置付けやすい書き方をしている部分はありますが、その一方で、型が一人歩きしてしまうこともあるのではないでしょうか。そういった意味で、型ありきではないということにご留意いただきたいと思い

ます。

その上で、子どもたちが右往左往しながら学習を積み重ねていく中では、子供の無自覚な学びを自覚させていくという意味において、教師が前に出ていき価値付けしていくということは、大事なことだと思います。その経験が、言葉を使って読んでいくことで、自分たちのできることが広がり、新たな疑問が湧いてきたり、次の文章も読んでみたくなったりなど、思いが広がっていき、友達と意見を交換したいとつながっていくことでしょう。その全ての経験について、言葉を通して行っていくことが、言語活動ということになっていくのだと思います。

その際、書かれている内容のまとまりに着目して学びが深まる場面と、文の構成や論の展開を捉えやすい言葉から学びが深まる場面と、様々あると思います。ですので、常にどちらがよいかというよりは、今回は前者に軸足をおいて授業をした方がよい、次は内容に後半をおいて読み進めてみた方がよいと、目標と文章に合わせて読み進められるようになることが大切なのではないでしょうか。

青木 なるほど。子どもの主体性をかき立てながら、教師はそれを、学びを深める方向へ価値付けていく、またその中で子供の対話的な学びが自然と発生していく、そこから学びが深まっていくんだなと考えさせられました。

先生方、今日はありがとうございました。
〈文字については、別冊『小学校国語「深い学び」をうむ授業改善プラン―文学―』に掲載しています〉

第**2**章

「深い学び」をうむ
授業改善プラン

子どもをまもるどうぶつたち（東京書籍）

相模女子大学小学部　藤平剛士

私の授業改善プラン

　子どもの学びを深めるには、「読みの見える化」が有効である。この「読みの見える化」は、子ども自らが学びの目的をもてる方法と効果があると考えている。また、この方法を授業に取り入れることで、教材のねらいをとらえていく授業デザインが組みやすくなる。では、5つの目的ごとの「見える化」の方法とポイントを紹介する。

〈説明文教材〉見える化の5つの目的と効果

①「構造」を見える化して「型」を読む

　説明文を「はじめ・なか・おわり」の「構造」で見える化することで全体像を整理し、表で読むことを通して、頭括型・尾括型・双括型の「型」をとらえることを目的とする読みの方法である。この読みには、問いと答えをとらえやすくする効果がある。

②「主語」を見える化して「要点」を読む

　形式段落の「主語」を見える化することで、各段落の「要点」を整理することを目的とする読みの方法である。この読みには、段落関係をとらえ、意味段落に整理しやすくする効果がある。

③「事例」を見える化して「効果」を読む

　述べられている「事例」の順序と内容を見える化することで、段落相互の関係を読みやすくし、意見の強調や読者への投げかけなどの取り上げられている事例の「効果」を捉えることを目的とする読みの方法である。この読みには、論の展開を読みやすくする効果がある。

④「違い」を見える化して「中心」を読む

　事例や実験結果の「違い」、繰り返しや言い換えなどを比べることで、説明の「中心」を捉えることを目的とする読みの方法である。この読みには、述べられている内容が、意見・理由・事実のどれなのかを捉え、筆者の主張への根拠を読みやすくする効果がある。

⑤「要旨」を見える化して「主張」を読む

　「要旨」文づくりなどで見える化することで、筆者の「主張」を捉えることを目的とする読みの方法である。この読みには、説明文中の具体と抽象を整理したり、キーワードを絞り込んだりする効果がある。そこから「主張」への読みへとつなげていくことができる。

1 教材分析

1 育てたい資質・能力

　1年生の説明文では、読みの授業を通して、子どもたちの興味・関心を膨らませ、多読へと促していくことを大切にしたい。そのためには、構造などを学習の中心とするのではなく、書かれている事例を比べながら内容を読み取ることで、多くの言葉や新しい知識を得ることが国語の勉強の楽しさであるという意欲を育んでいきたい。一方で、説明文の読みの基礎となる「題名の役割」や「事例の順序」がもたらす説明文の効果についても学ぶ第一歩としたい。

2 本教材の特性

　東京書籍の場合、1年生で扱う説明文は、4教材である。教材の特性をとらえる時に大切にしたいことは、1年間で扱うそれぞれの教材の特性を、横の系統でとらえることである。この横の系統性を踏まえることで、本教材の価値をとらえ、授業化することが大切である。1年生で扱う説明文教材の特性は、以下の表のようになる。

教材名	題名の役割	教材の特性
さとうとしお	話題提示	見た目は似ているが、性質の異なる2つを比べながら説明する文章。子どもにとって身近なものが題材。
どうやってみをまもるのか	問いの文	問いと答えが明確で、興味をひく題材と比べながら読み進めていける文章構成。
のりもののことをしらべよう	話題提示	問いと答えの文が明確。事例を比較することでそれぞれの特徴を明らかにしている。事例の順序は、だんだん複雑なものになっている。学習したことを生かした調べ学習へと発展させやすい。
子どもをまもるどうぶつたち	問いの文	問いと答えの文が明確。事例を比較することで特徴を明らかにする。事例の順序に効果をもたせつつ、最初に述べられている「ライオン」の事例を受けて比べ読みができる構成になっている。

　このように、1年生の説明文教材では、①題名の役割、②問いと答え、③事例の順序、④事例の比較の4つが共通している教材の特性だと言える。本教材は、1年間の最後の説明文教材である。そこで、4つの共通する特性に加えて、「事例がもつ意味と効果」についても学習するのに適していると考える。

3 単元化のポイント

　本教材は、事例のつながりを踏まえて筆者の意見を読み取ることが重要になる。そこで、「読みの見える化」のうち、「事例と効果」と「違いと中心」の2つを用いた単元計画がポイントになる。説明文を、子どもたちと「表で読む」活動を通して、事例の違いを交流させるように促していきたい。ここで、注意したいのが、説明文をワークシートの表組に流し込むことが活動の中心にならないようにすることである。違いから特徴を読み取り、子どもの「そうか、分かった」という声が聞こえてくる授業を目指したい。

2 単元構想（全6時間）

どうぶつのとくちょうを　くらべて　よもう

単元計画

○数字は時数

一次	二次
①教材名から、単元の見通しをもとう	②〜④二つの動物を比較し、その特徴や子どもの身の守り方の違いを表にまとめよう 読みの見える化＝違いを見える化して中心を読む。
(1) 教材名「子どもをまもるどうぶつたち」から、どのような文章かを考える。 (2) 説明文を読み、「いくつの動物の例が説明されているか？」を考える。 　・2つ（オオアリクイ・コチドリ） 　・3つ（ライオン・オオアリクイ・コチドリ） (3) 答えを見つけながら、学習を進めていくことを押さえる。	(1) 問いの文を確認する。 (2) オオアリクイの特徴と子どもの身の守り方を表にまとめる。 (3) コチドリの特徴と子どもの身の守り方を表にまとめる。 (4) 2つの動物を比較し、共通点と相違点を確認する。

単元の概要

　教材文の読み取りの視点は、動物たちの特徴とそれを生かした知恵でどのように敵から子どもを守るのかの2点である。特徴は「体のつくり」、知恵は「特徴をどのように使っているか」という観点で比較できるようになっている。それぞれの観点ごとに「読みの見える化」を通して、「違い」が分かるように大事な言葉や文を書き抜く学習をさせたい。

　教材文は、問題提起→事例①オオアリクイ→事例②コチドリ→まとめという構成になっている。注目したいのは、「ライオン」の扱いである。まず、前置きとして「ライオン」が紹介され、本文中にも取り上げられている。しかし、2つの事例とは異なり、詳しくは書かれていない。そこで、この「ライオン」の文章の役割について学ぶために、「いくつの動物の例が説明されているか」を問い、答えの違いを解き明かすために本文を詳しく読む単元計画を考えている。そして、無意識に比べて読むことをしている児童が、比べて読むためには観点が必要だということに気付くためのきっかけにしたい。

　また、「どのようなちえをつかい、てきから子どもをまもるのか。」の問いの文にある「ちえ」は、「知識や経験を必要に応じて使うこと」の意味であり、1年生には言葉の意味もとらえにくい。そこで、「『ちえ』ってなんだろう？」という課題から曖昧にとらえていた言葉の意味を正しく読み取ることも目指したい。

目標

〈知識及び技能〉2つの動物の説明を比べて読み、似ているところや違うところを見つけて共有することができる。

〈思考力、判断力、表現力等〉説明的な文章を読み、分かったことを伝え合うことができる。

〈学びに向かう力・人間性等〉自分の興味・関心をもった動物の知恵と生活について、調べて分かったことを伝え合おうとする。

評価規準

〈知識・技能〉共通、相違、事柄の順序など情報と情報との関係について理解している。((2) ア)

〈思考・判断・表現〉「読むこと」において、文章の中の重要な語や文を考えて選び出している。(C(1)ウ)

〈主体的に学習に取り組む態度等〉これまでの学習や経験で気付いたことやできるようになったことを生かして見通しをもち、積極的に、文章を読んで分かったことを共有し、伝え合おうとしている。

	三次
⑤事例の効果について考えよう 読みの見える化＝事例を見える化して効果を読む。【本時】	⑥他の動物の知恵や生活について、本で調べよう
(1) 事例を並べて全体像を捉える。 (2)「ちえ」って何かを考える。 (3)「ライオン」についての事例は、オオアリクイとコチドリのようには書かれていないことを確認する。 (4)「ライオン」は、説明文の中で、どのような役割をしているのか、効果を考える。	(1) 他の動物の知恵や生活について、本で調べる。 (2) 調べて分かったことや驚いたことを、お互いに交流する。

授業改善のポイント

「読みの見える化」の2つを用いた授業を中心に読み取りを行いたい。

1つ目は、「違い」を見える化して「中心」を読むである。1年生の教材文は、今までに学習したものも、違いを比べて読むことで、それぞれの特徴を説明する文章であった。本教材も、前に学習した「違い」を見える化する方法と同じ方法を用いて読み取りを進めることができる。その上で、中心となって書かれていることが、「体のつくりを生かした子どもの守り方」であることが読み取れる。そして、最後の段落から、それらの知恵は子孫を残し命をつなぐためなのだという筆者の主張を捉えることができる。

2つ目は、「事例」を見える化して「効果」を読むである。説明文には、「オオアリクイ」と「コチドリ」の二つの事例が挙げられている。しかし、「ライオン」については、2つの事例とは書かれ方が異なる。児童は、詳細に書かれていないことから、「ライオン」を事例としてはとらえにくい。しかし、中心となる2つの事例をつなげるための大きな役割を担っている。この効果について学ぶことも授業改善のポイントにしたい。

3　授業イメージ

1　本時（第5時）の目標

・事例を比べ、その効果について考えることができる。

2　授業改善のポイント

　前時までに読み取った「オオアリクイ」「コチドリ」の事例と「ライオン」の事例を「見える化」することで違いを捉える。書かれている内容の違いから、「ライオン」の事例が、2つの事例にどのような役割を果たしているのかについて考えたい。3つの事例を並べて「見える化」することで、はじめの事例がもたらす効果を考えたい。また、「ちえって何だろう」という問いを通して、考えにズレがあることを共有し、目的意識をもった読みの授業を展開したい。

【右の図版】

くわえる → かくす → だます

さくせん	
こどもを まもる	

子どもを せなかに のせて はこびます。
はねをひきずりながら、すから とおくはなれます。

おやと子どもの からだのもようが つながって見え、てきから子どもが 目立たなくなるのです。
じぶんがけがを しているふりを して てきに見せかけて てきのちゅういを ひなからそらす。

3　授業の流れ

1　事例を「見える化」する

> 何の動物の「子どものまもりかた」が書いてあったかな？

　「子どもをまもるどうぶつ」の事例として、動物のどんな特徴と知恵、子どもの守り方が書かれていたのかを振り返らせる。教科書の単元扉ページの一文も板書に示す。

[子どもの発言]

【ライオン】子どもを　口にくわえて　はこび　まもる。

【オオアリクイ】子どもを　口にくわえて　はこべない。

【コチドリ】ひなを　くわえて　はこべない。

2　考えに「ズレ」があることを知る

> どうぶつの「ちえ」って、なんだろう？

　問いの文「どうぶつたちは、どのようなちえをつかい、てきから子どもをまもるのでしょう。」を確認した上で、「どうぶつの『ちえ』って何なのか」を考える。ここでは、「知恵」の意味や捉え方に、子どもの間でズレがあることを共有する。そして、「事例」の見える化を通して「効果」を読み、この文章での「知恵」について考えていきたい。

[子どもの発言]

・あたまがよいこと。・あたまをつかうこと。

・知ってるけど説明できない。・アイディア。

ライオンは、子どもを口にくわえて、あんぜんなところまではこびます。

子どもを まもる どうぶつたち　なるしまえつお文

といの文

> どうぶつたちは、どのようなちえをつかい、てきから子どもをまもるのでしょう。

（あたまをつかうこと？）

どうぶつたちの「ちえ」ってなんだろう？

子そんをのこすために、子どものまもりかたをかんがえること

ライオンなど、にくをたべるどうぶつが、子どもをきけんからとおざけるときには、ふつうくわえたりかかえたりしてはこぶ。

しゅるい	オオアリクイ	コチドリ
とくちょう	アリをとるどうぶつ 口はほそながい 子どもをくわえてはこぶことができません。	小さなわたりどり ひらけたばしょ ひながてきからよく見える ひなをくわえてはこぶことができません。

おやはちえをつかいます。

3　事例を比べ、違いをとらえる

（どうやって子どもを守っているの？）

　オオアリクイとコチドリの事例（特徴と子どもの守り方）を「見える化」して整理する。また、ライオンは、書き方が異なっていることを捉える。そこから、ライオンの事例がもたらす効果を読む。

[事例の効果]
①百獣の王「ライオン」でさえ子どもを守る意外性。②ライオンと同じように子どもを守る共通性。③特徴によって子どもの守り方が異なる相違性。④その特徴を生かした守り方＝知恵の強調。

4　事例の順番から、「知恵」とは何かを考える

（どうして、この順番で説明されているの？）

　「くわえる（ライオン）→かくす（オオアリクイ）→だます（コチドリ）」という方法で子どもを守っている動物の事例の順序は、子どもにとって意外と思える順序だと言える。これは、「①意外なものとの出会いで興味を惹きつける効果」と「②主張の理解を明確にしていく効果」がある。そして、この文章での「知恵」とは、「子孫を残すために、子どもを敵から守る方法を自分で考えだすこと」と捉えることができる。

はまべで　ひろったよ （学校図書）

神奈川県・小田原市立曽我小学校　岩立裕子

私の授業改善プラン

1　説明的文章の指導の授業における課題

　新学習指導要領解説の総則編には、低学年の課題として3つの項目が挙げられている。それを、説明的文章を読む学習に当てはめると、次のような課題が挙げられていると読み替えることができる。

- ・この2年間の説明的文章の読み方が、中学年以降の学習を広げるものになっているか
- ・学力の質に大きく関わる語彙量を増やせるよう、学習を計画しているか
- ・説明的文章を読むことで出会った新しい知識に興味・関心をもち、自分の経験や知識と結び付けて考えられる学習となっているか

　1つ目と3つ目の項目は、説明的文章を読む学習を計画する際に、これまでも教師が意識してきたことではないか。1つ目の項目を意識しすぎる、つまり、書かれている内容を「情報」として教師が扱いすぎると、子どもたちの興味・関心から離れてしまう。かといって、3つ目の項目、つまり、内容を味わうことに偏り過ぎると系統的な学習につなげにくい。そこで、そのバランスを意識して学習を計画することは、これまでも大切にされてきた。

　しかし、2つ目の項目はどうだろう。その学習後、子どもたちは学習で扱った知識について興味をもち続け、関連する本に親しむようになったか。または、普段の生活の中で、学習で出会った言葉を使うことがあるだろうか。何をもって子どもたちの語彙量は増えたと考えられるか。この点については、すぐに結果として現れないことを理由に、曖昧にしてきたように感じている。

　原因は、「読み方」については系統的な指導内容が明確になりつつあるが、語彙については、子ども本人の生き方・生活にも関わり、学習のみで育まれるものではないためである。そこで、学習で出会った言葉を子どもたちの生活のレベルで関連付けることができれば、そして、それを教師に見える形、もしくは子どもたちが実感できる形にすることができれば、語彙量を増やす学習を充実させられるのではないか。

2　授業改善に向けて

　系統的な指導内容を意識した読み方によって出会った新しい言葉が、「仲間・教材・授業者」の三者の対話によって、既知の言葉を関連させて身に付けることができるような学習、そして、新しい言葉を自分の言葉で説明したり実際に使ったりすることで、身に付いたことを子どもが実感できる学習を計画したい。

1　教材分析

1　育てたい資質・能力

・出会った語彙の意味を知り、既知の言葉と関連付ける力
・書かれている情報を、繰り返し使われている言葉や大切な言葉を手がかりにして、大まかな内容を理解する力
・書かれている内容に関心をもち、自分の経験や知識とつなげようとする態度

2　本教材の特性

　本教材は、事例として挙げられている漂着物が、「海藻」「貝殻」といった、子どもが「海で見つけられそうなもの」と簡単に想像できるものと、「木の実」のように、意外性のあるものになっていて、「どのようにたどり着いたのだろう」と疑問をもって読み進めることができる。

　文章構成は、問いの文が2つ設定されており、1つの問いの文に対して、それぞれ2文と3文で答えが書かれている事例列挙型である。詳しく見ると、1つ目の問いの答えは、最初の文で抽象的に表現し、次の文で具体的な名詞が書かれている。また、2つ目の問いの答えは、もともと存在した状態から（1文目）、ある条件によって（2文目）、どのようにたどり着いたか（3文目）が書かれていて、事柄の順序で構成されている。どちらの答えの文も少し複雑なので丁寧に読み進めたい印象がある。

　また、「漂着する」ことを「たどりつく」「ながれつく」、「海藻」を「くさのようなもの」と表現しているように、1つの事柄がいろいろな言葉で表現されている。そのため、言葉には似た意味の言葉があることを理解し、様々な言い方ができることを知る機会や語彙を増やすきっかけを与えてくれる。

3　単元化のポイント

「主体的・対話的で深い学び」を実現させる授業デザイン
〈正確に読むための対話〉

　海辺は、地域や子どもによって、その認識に個人差が出やすい。その認識の「ズレ」を対話によって精査・解釈が深められるよう、教材に使われている写真だけでなく、視覚的な補助資料を用意し、実際に位置を動かしながら具体的に想像できるようにする。
〈他の考えに気付くための対話〉

　教材文を真似て紹介する際に、選んだ言葉について対話させることで、選んだ漂流物が同じであっても異なった言葉で紹介したり、違う漂流物なのに同じ言葉で紹介したりすることがあることに気付かせたい。

1年
2年
3年
4年
5年
6年

1年　はまべで　ひろったよ　　25

2 単元構想（全6時間）

なかまの　ことばを　みつけて　よもう

○数字は時数

一次	二次	
①ぶんしょうを　よんで　かんそうを　つたえよう	②といのぶんと　こたえのぶんをさがそう	③どうやって　たどりついたのかよんで　たしかめよう
・題名を読んで内容を想像し、「ひろった」ものが生き物ではなく漂着物であることを確認する。 ・全文を読み、感想を伝え合う。 ・学習の流れを確認する。	・問いの文を確認する。 ・事例がいくつ挙げられているか確認する。 ・事例は3つであり、言い換えている言葉や具体的に表している言葉があることを確認する。	・3つの答えが書かれている部分に分ける。 ・1つ目の事例「かいそう」について書かれている段落に注目し、問い2の答えを順序に気を付けて整理する。

単元の概要

　題名から得られる情報を押さえ、どんなものが落ちているのかを想像させることで、内容に対する興味・関心を引き出し、これから始まる学習へ意欲をもたせる。これまでの学習で問いの文を確認していることを思い起こさせ、似た表現を探すことで問いの文を発見させる。問いの文が2つあることを確認し、それぞれの答えになっている段落を押さえ、内容のまとまりを意識させる。

　1つ目の事例を丁寧に確認したのち、残り2つの事例を比較しながら内容を読んでいくことで、書きぶりが同じところや繰り返し使われている言葉に気付かせていく。そのことが、第三次の言語活動につながる。また、この学習活動で、1つの事柄に対して様々な言葉で言い換えられることを経験させる。

　第三次では、教師がいくつかの漂着物を提示し、それが何であるのか、元々どこにあるのかなどをクラス全体で整理したのち、各々で選び、紹介する言葉を考える。紹介し合うことで、言葉の使い方を広げたり語彙を増やしたりする機会につなげる。

目標

〈知識及び技能〉言葉にはそれぞれ役割があり、似た意味の言葉があることを理解することができる。
〈思考力、判断力、表現力等〉順序に気を付けてよみ、海辺にたどり着いた経緯を理解することができる。
〈学びに向かう力、人間性等〉海辺の漂着物に興味をもち、学習したことをもとに想像しようとする。

評価規準

〈知識・技能〉
・言葉には意味による語句のまとまりがあることを理解して読んでいる。((1)オ)
・事柄の順序など情報と情報の関係について理解してまとめている。((2)ア)
〈思考・判断・表現〉
・「読むこと」において、事柄の順序を考えながら内容の大体を捉えている。(C(1)ア)
・「読むこと」において、文章中の重要な言葉や文を考えて選び出している。(C(1)ウ)
〈主体的に学習に取り組む態度〉書かれている内容を、順序などを考えながら進んで読もうとしている。

二次	三次	
④どうやって　たどりついたのか　よんで　たしかめよう	⑤どうやって　たどりついたのか　そうぞうしよう【本時】	⑥かんがえたぶんを　しょうかいしよう
・2つ目の事例「かいがら」と3つ目の事例「くり・くるみ・どんぐり」についての段落に注目し、問い2の答えを順序に気を付けて比較しながら整理する。	・教師が示した漂着物を見て、どのようにたどり着いたか、想像して、仲間と交流する。 ・自分で紹介したい漂着物を選び、本文に使われている言葉をヒントにして紹介する内容をまとめる。	・同じ漂流物を選んだ仲間で、紹介を聞き合う。 ・違う漂流物を選んだ仲間で、紹介を聞き合う。 ・単元全体の振り返りをする。

授業改善のポイント

改善ポイント①　語彙を増やすきっかけづくり

　題名の「ひろった」という言葉から想像できることは何かといったように、導入部分からテキストとの対話の機会を確保していく。言葉にこだわって読み進めることで、語彙を増やす機会につながるようにする。

　また、各事例の文章構成に注目できるよう、繰り返し使われている言葉と同じ意味で使われている言葉を整理しながら比較する。それによって、新たな漂着物を紹介する言葉を考えるときに「同じ書きぶり」にするところと自分で考えるところが明確になる。

改善ポイント②　思考が見えるワークシート

　本単元では、書かれている内容を正確に読むための「対話」と自分の考えを吟味するための「対話」を意図的に計画するが、自分の考えを吟味することを子どもが自覚できるよう、ワークシートを使って対話の始めと終わりに自分の考えを書かせる。ワークシートは、「選んだ言葉」と「選んだ理由」が簡単に書けるものにする。対話するたびに使用することで、自分の思考を確認するための手段となっていけばよい。

3 授業イメージ

1 本時（第5時）の目標

・使われている言葉から、自分が説明する漂着物について適した言葉を選ぶことができる。

2 授業改善のポイント

これまでの学習で出会った言葉を進んで使えるよう掲示する。子どもによっては、既に獲得している言葉の中から適した言葉を使って表現できると思われるので、そのような言葉についても子ども同士で吟味できるような交流の場面をつくる。

ここでは、自分が選んだ言葉をつないで文を考え、理由をもって選べるようにすることを目的とする。

3 授業の流れ

1 漂流物を確認する

> 他にも浜辺に流れ着いたよ。
> 何の写真か分かるかな？

前時までの学習を生かして、教材文の3つの事例に続くように新たな事例の文をつくることを伝え、見通しをもたせる。

3つの漂流物を提示し、何かを確認する。子どもの実態に合わせて提示する漂着物の数は調整する。問い1に対する答えの文をつくりやすくするため、抽象的な表現をできるだけたくさん引き出す。子どもの発言はキーワードで板書し、後半の活動で、子どもが自分で選びながら文を構成できるようにする。

2 どのように漂着したのかを想像する

> どうやって流れ着いたのかな？
> 想像してみよう。

これらの漂着物がどのように漂着したかを、子どもたちの生活経験の中からできるだけ自由に想像させる。子どもたちが豊かに想像しやすいように、浜辺から様々なところへつながっているイラストも用意し、漂流物を動かしながら短いお話をつくるように考えることで、想像を膨らませることができる。

子どもの発言は、先ほどと同様にキーワードで板書しておく。たくさんのキーワードが並んだ方が、答えの文を考える時に吟味しやすくなる。

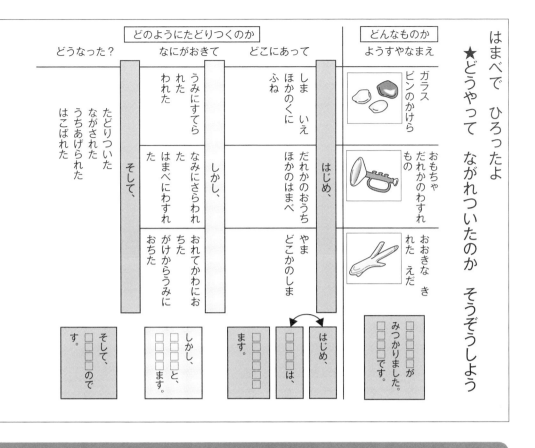

はまべで　ひろったよ

★どうやって　ながれついたのか　そうぞうしよう

---

3 共通で使われている言葉を確認する

> 海藻や貝殻や木の実のように、説明してみよう。真似できる言葉を確認しよう。

　海藻、貝殻、木の実の事例の文に戻り、共通して使われている言葉、似た意味として使われている言葉に注目させる。子どもが自ら気付き、仲間に発信できるよう、前時までの活動が掲示しておく。

　答え1「〜がみつかりました。」「〜です。」、答え2「はじめ、〜ます。」「しかし、〜と、〜ます。」「そして、〜のです。」という、共通して使われている言葉を使えば、戸惑わずに書けるという見通しをもたせる。

4 漂流物を選び言葉を選ぶ

> 説明したい漂流物を選ぼう。ぴったりの言葉を選ぼう。

　3つの中から説明してみたい漂流物を選ばせる。ワークシートは、子どもの実態に合わせて、真似る文型をあらかじめ書かれているものがあるとよい。

　いくつかの言葉の中から自分で吟味して選んだり、それらをヒントにして自分で言葉を考えたりすることができたかが評価になる。特に、答え2の文で使う言葉をどのように選んだのか話したり書いたりして伝えられるよう促す。

〈参考文献〉
吉田裕久ほか編（2017）『平成29年版小学校学習指導要領ポイント総整理　国語　東洋館出版社
田辺洵一ほか編（2009）『小学校国語科授業研究　第五版』教育出版
田村学（2018）『深い学び』東洋館出版社

サツマイモのそだて方 （東京書籍）

立教小学校　安達真理子

私の授業改善プラン

1　説明の工夫を発見して評価し、活用する「目」を育てたい

　説明文は、何のために読むのだろうか。説明文を読んで、何を学ぶべきなのだろうか。オーセンティックな学びや、コンピテンシー・ベイスの授業が目指される昨今、このような根源的で本質的な問いを求めたい。説明文は、書き手との対話によって、目的や意図・方法の工夫を発見し、読み手として判断し評価する力、また、書き手として活用する力を磨くために存在する、と筆者は考える。平たく言えば、分かりやすい説明文のよさを見つける「目」、自分も分かりやすい文章を書くための「技」を磨くことである。大事なのは、情報に対する能動的な読者となり、自分事として読み、蓄えた見方・考え方を活用して書く資質・能力を育成することである。

　本教材「サツマイモのそだて方」は、2年生児童にとって当事者意識をもちやすい説明文である。生活科等と関連して野菜の栽培に携わる機会があり、文中に登場する「かおりさん」に同化して、サツマイモの育て方を知りたいという意欲が喚起されるだろう。そのような動機によって、2つの文章を比較しながら評価することが容易に促される設定となっている。この特性を生かし、筆者と対話しながら評価する授業を計画したい。

2　比べる観点を探りながら、「比較」という思考方法を習得させたい

　説明文を読む学習において、身に付けさせたい論理的思考力の第一は、「比較」である。共通点を見出す「類比思考」と相違点を見出す「対比思考」とは、国語科のみならず、あらゆる学習において必要とされる基本的な思考だからである。中・高学年で学ぶ理科における科学的思考や、社会科における社会科学的思考も、「比較」を抜きにしては成り立たない。

　そこで重要なのは、何を比較するかという観点である。本提案では、「何を比べたい？」という問いを立て、比較の観点を探るところから、主体性を立ち上がらせたい。与えられた課題によって答えを導き出すだけではなく、課題は何かを探るところから、「学びに向かう力」や「人間性」の本質が生まれるからである。2つの文章を、比較する観点を探りながら俯瞰し、実際に比較・検討し、判断して評価する探究活動は、教科を超えたオーセンティックな学び、主体的で深い学びとなり得るだろう。

　実際に比較する際には、子どもたちが発見する観点と教師が促す観点との融合が必要となってくる。「比べる」ためには、「何を比べるか」を考えることが先に立つという見方・考え方を身に付けさせ、一緒に課題を生み出したいものである。それは、本研究会が目指す、「子どもとともに創る国語の授業」の具現でもある。

2 教材分析

1 育てたい資質・能力

○説明文の工夫（目的・方法・構造等）を発見する力
○2つの説明文を、比較の観点を見出しながら、比較・検討し、評価する力
○説明の順序について比較し、読者のニーズに合わせて判断する力

2 教材の特性

①生活科等とも関連する身近な題材

　本教材は、「サツマイモのそだて方」を知りたい「かおりさん」の話題として、設定されている。野菜の栽培を実際に行う機会のある2年生にとって、他教科（生活科など）と関連して、切実感を伴って読むことができる教材である。「かおりさん」同様に、純粋にサツマイモの育て方を知りたいという動機で、意欲的に読む児童が多いだろう。

②2つの文章の共通点と豊富な相違点

　共通点は、「サツマイモの育て方」というテーマと、「子ども向けの本」に記載されている平易な文章で簡潔にまとめられている点等。相違点は、説明の目的（手順の伝達／注意点の喚起）、方法（「問い・答え」型説明文／見出し列挙型説明文）、構成（8段落／3項目）等、多岐にわたり、何を比較したいかを問うた上で、比較思考を働かせることができる。多くの観点で、比較して評価するという「思考力・判断力・表現力」を育成できる。

③説明の順序性の違い（時間的順序と重要度）

　2つの文章の最も大きな違いは、説明の順序である。1つ目の文章は、「どのように育てるか」という栽培手順（時間的順序）で、2つ目は、「立派なサツマイモをたくさん収穫するため」の注意ポイント（重要度）である。この違いは、何を知りたいかという読者のニーズによって、分かりやすさの感じ方を変える。順序の違いを読者のニーズと絡めて比較することで、情報の利用者である読み手の主体性が高まり、対話が深まるだろう。

3 単元化のポイント

「主体的・対話的で深い学び」を実現させる授業デザイン

　サツマイモの育て方についての知識を得るという目的のために、読者の立場で「資料の長所を発見する」「適切な資料を選び取る」という主体的な読みを促す。子どもたち同士の対話によって、資料への見方の幅を広げ、課題を深く探り起こす活動を設定し、子ども自身が比較観点を抽出することが重要である。比較思考は、多種多様な観点に立ち、協働的に探究することによって、深まるからである。また、読者のニーズという視点を加えると、各々の文章の長所がより一層際立ち、目的に合った資料のよさを生かす資質・能力を育成することができる。比較観点が豊富な教材のため、対話によって様々な比較思考を働かせ、目的に適合した長所を発見することができるだろう。

3　単元構想（全 12 時間）

単元名

２つの文章のちがいを比べて、それぞれの説明の分かりやすさを見つけよう

単元計画

○数字は時数

一次		二次	
①感想を伝えよう（サツマイモを育てたくなったのは、どっちの文章？）	②２つの文章の何を比べたいか、考えよう	③写真と絵、大事な言葉を比べよう（分かりやすさを見つけよう①）	
「読んで、サツマイモを育てたくなったのはどちらの文章か」で、感想を伝え合う。【特性①】 本文を読む前に、サツマイモを育てたいか等を語り合い、説明文を読む必然性を高めておく。読後は、第一印象での率直な感想を交流する。	２つの文章の分かりやすさを比較する観点を抽出する。【特性②】 説明文は分かりやすい方がよいが、どちらが分かりやすいかを判断できるか、投げかける。「何を比べるか」が重要だという前提で、学級で比較観点を挙げていく。	写真と絵の効果、キーワードの詳しさを比較する。【特性②】 比べやすい表層的な部分から検討を始める。写真と絵は手がかりになるか、「なえ」「うね」等の用語が詳しく説明されているか、読者として判断し、意見交流する。	

単元の概要

　同じテーマで書かれた２つの文章を比較する活動は初出であるため、単元冒頭で率直な感想を伝え合わせ、「読んでみて、サツマイモを育てたくなったのはどちらの文章？」と、直感での選択をその直感的判断を基準にして促す。一貫して「分かりやすさ」を比較しながら、徐々に論理的な判断へと膨らませ変化させていく。比較の観点は、写真や絵、キーワード、冒頭文、見出し（有無）、順序性へと、広げ深めていくのが自然な流れではあるが、学級の児童が挙げる観点にしたがって、課題を柔軟に設定し直していくのがよい。

　「説明の分かりやすさを見つけよう」を単元目標にして、各々の説明文の述べ方に着目し、目的・方法・構造等を比較するが、どちらにも長所と短所があることを踏まえ、最終的には、読者のニーズとの関係で「適材適所」の文章を選択できるようにしたい。読み手のニーズに合った文章を評価することができる資質・能力は、書く力に転移させる可能性をもつからである。「こういう場合には、こういう文章が分かりやすい」という判断ができる力を身に付けさせたい。

目標

〈知識及び技能〉共通、相違、事柄の順序など情報と情報との関係について理解できる。

〈思考力、判断力、表現力等〉時間的な順序や事柄の順序などを考えながら、内容の大体を捉えることができる。

〈学びに向かう力、人間性等〉国語を大切にし、よりよく使おうとする。

評価規準

〈知識・技能〉共通、相違、事柄の順序など情報と情報との関係について理解している。((2) ア)

〈思考・判断・表現〉「読むこと」において、時間的な順序や事柄の順序などを考えながら、内容の大体を捉えている。(C (1) ア)

〈主体的に学習に取り組む態度〉進んで国語を大切にし、よりよく使おうとしている。

				三次
	④⑤始めの文と見出し（有無）を比べよう（分かりやすさを見つけよう②）	⑥⑦説明の順序を比べよう（分かりやすさを見つけよう③）【本時】	⑧⑨二つの文章は、どんな人（何を知りたい人）に向いているか考えよう	⑩〜⑫どちらかのタイプを使って、短い説明文を書こう
	冒頭と見出しに着目して、比較する。【特性②】各文章の冒頭に説明の目的が書かれ、内容との整合性を吟味することができる。また、2つ目の文章には見出しがあり、その効果を検討できる。分かりやすさに影響があるか意見交流する。	時間的順序と重要度という順序の違いを比較する。【特性③】栽培手順としての時間的順序、注意ポイントの重要度にしたがって書かれていることへの理解を深め、説明目的と順序性の関連を含め、分かりやすさを判断、評価する。	読者のニーズに合う説明の仕方を探る【特性①〜③】どちらの文章にも長所と短所があるが、読者のニーズを想像することで長所を生かすことができる。様々な読者を想定しながら、説明内容の有効性を再検討する。	「○の育て方」等（自由テーマ）を調べ、伝えたい文章のタイプを選ぶ。手順を説明する方法と、注意点を列挙する方法のどちらかを選んで、簡単な説明文を書く。（子ども向けの本を参考図書として）短い説明文を書き、相互鑑賞する。

授業改善のポイント

改善ポイント①　表層から構造へ

比較思考を深めていくには、表層の部分から始めるのがよい。写真や絵は、キャプションの意味を吟味したり、キャプションのない写真に付けたりする活動を通して、補助説明的役割の有効性を評価することができる。自然な形で比較対象を徐々に広げていき、最終的には文章構造の比較をすると、様々なレベルで観点が存在することを実感することができる。

改善ポイント②　柔軟な単元設計（入れ替え可）

子どもたちの思考に寄り添うためには、3〜9時間目の計画はいつでも変更可能という状態にしておきたい。なぜなら、子どもたちが目を付ける点は、必ずしも教師が用意した順番に挙げられるとは限らないからである。子どもが比較したいこと・解明したい問いを優先した授業を実施し、子ども自身が論理を構築していくプロセスを体験できるよう見守りたい。それによって、子どもの学びに対する主体性を担保し、「学びに向かう力・人間性等」の涵養に繋がるだろう。

4 授業イメージ

1 本時（第6時）の目標

・説明の順序を比べて、それぞれの文章の筆者が伝えたいこと（目的・意図）との関連を考えることができる。

2 授業改善のポイント

全員が主体的に考えられるように、表層から構造へというプロセスで比較を行う。番号は、見ればすぐに分かる表層なので、そこを手がかりにして、番号がない一つ目の文章に番号を付けるという活動から、順序性を考える思考へと誘う。

順序性には、筆者の目的や意図との関連があり、それに気付けるように、筆者の視点に立って「番号の意味」を吟味させたい。筆者との対話は、説明文を深く理解する上で、重要である。

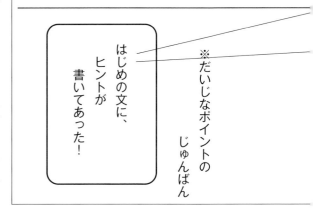

3 授業の流れ

1 本時の比較を考える

> 今まで比べてきたのは、何だった？
> 今日は、どんな違いを比べる？

C：写真や絵が、役に立っているかどうか。
C：「うね」「なえ」など、説明文を読んで意味が分かったかどうか。C：何を説明しようとしているかという違い。C：番号と見出しがあるのとないの。
＊これまで比較してきた観点と、相違点から生じる説明文の分かりやすさの効果を振り返り、比較することの意味を再確認する。本時でどんな違いを比べたいかを尋ねる（出なかったら、番号を手がかりにする）。

2 2つ目の文章に番号を付ける

> 1つ目の文章に番号を付けるとしたら、何番までになるかな？

C：1つ目は、見出しはないけれど、育てる順番に番号を付けられるね。C：⑥までかな？「はじめに」から順番に「五月の中ごろ」とか、時を表す言葉を探していけばいいよね。C：1字下がっているところを数えたら⑧までになるけれど、初めと終わりは、説明の中身じゃないから、要らないかな？
＊番号を付ける活動で、時を表す言葉に着目することが促され、時間的順序で書かれていることに気付くことができる。

サツマイモのそだて方

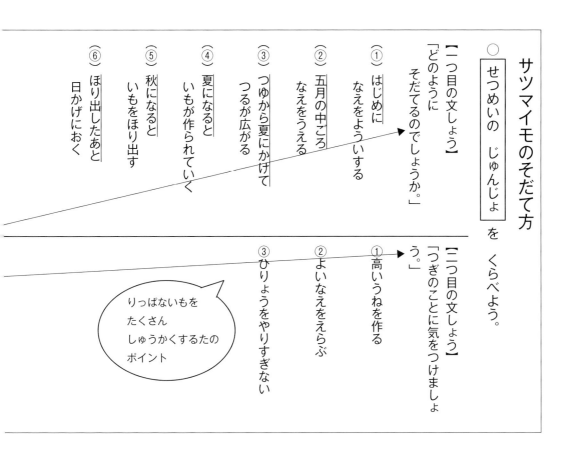

○ せつめいの　じゅんじょ　を　くらべよう。

【一つ目の文しょう】
「どのように　そだてるのでしょうか。」

① はじめに　なえをよういする
② 五月の中ごろ　なえをうえる
③ つゆから夏にかけて　つるが広がる
④ 夏になると　いもが作られていく
⑤ 秋になると　いもをほり出す
⑥ ほり出したあと　日かげにおく

【二つ目の文しょう】
「つぎのことに気をつけましょう。」

① 高いうねを作る
② よいなえをえらぶ
③ ひりょうをやりすぎない

> りっぱないもを
> たくさん
> しゅうかくするたの
> ポイント

3　順序性の違いを比較する

> 2つの文章の番号の意味は？
> どんな順番？

C：1つ目の文章の番号は、サツマイモが育っていく順番。時間の順番。C：2つ目の文章も、育っていく順に番号が付いてるようだけど、ちょっと違う……。C：気を付けなければいけない順番かな。その前に「次のことに気をつけましょう。」と書いてあるから。＊番号の意味の違いに目を向けると、順序性の違いを考えることができ、それぞれの冒頭にある文が関連していることに気付くことができる。

4　振り返る

> 筆者は、この順番で、何を
> 教えてくれているのかな？

C：2つ目の文章は、「立派ないもをたくさん収穫するために気を付けること」を書いていて、注意しなければならない大事なポイントの順番を教えてくれているのかもしれない。C：1つ目の文章は、サツマイモを育てる順番を、「次はこうなりますよ」と、時の流れの順番で伝えてくれている。＊順序性の違いが説明文の目的や意図（冒頭の文）と関係していることを、確かめられるように振り返りたい。

「しかけ絵本」を作ろう（教育出版）

南山大学附属小学校　山本真司

私の授業改善プラン

1　「日常生活」を豊かにする授業を

　令和２年版学習指導要領では、"よりよい学校教育を通じてよりよい社会を創る"という願いから、「社会に開かれた教育課程」の実現を目指すとしている。国語科においては、教科の目標の中で、「(1) 日常生活に必要な国語……」〔知識及び技能〕、「(2) 日常生活における……」〔思考力、判断力、表現力等〕というように、「日常生活」に働く力を育てることが強調されている。

　しかし、日ごろの授業においては、「とりあえず教科書にあるから授業する」「教科書通りやっておけば間違いない」と、その授業で育てた力が、教室のあの子やあの子の「日常生活」に、どのように働くのか、ということまでを描ききれないまま授業をこなしてしまうこともあるだろう。

　本稿では、教科書の流れを基本としながらも、できるだけ子どもの「日常生活」に思いを馳せながら、「国語」「学校」に閉じない授業の進め方を考えていきたい。

2　子どもの「日常生活」を思い描くことから

　子どもたちは、本教材文のような作り方の説明文をどんな時に読み、書くだろうか。

　例えば、工作の好きな子は、家で本や説明書を読みながら物を作ることがあるかもしれない。料理が好きな子も同様である。また、生活科のおもちゃ作りの単元では、本を読みながら作る機会があるかもしれない。もちろん、これまで本や説明書を読んで作るという経験があまりなかった子もいるだろう。

　「『しかけ絵本』の作り方」の学習経験によって、ある子が何か作りたいと思った時、人から作り方を教えてもらって作るのではなく、自分で説明書などを読んで作ることができたなら、その子の「日常生活」に生きて働いた授業になったと言えるだろう。

　そこで、「日常生活」への橋渡しとなるような学んだことが生きる場を想定しておくことが大切になる。本稿では、生活科でのおもちゃづくりとつなげることで、国語授業で「日常生活に」生きる力を育てようとする単元構成にした。国語科と生活科の学習の相乗効果を生み出そうとするカリキュラムマネージメントの一つとして提案したい。

1　教材分析

1　育てたい資質・能力

　学習の後、自分で説明書を読んで作りたいものを作る子どもの姿が見られるようにしたい。そのための育てたい資質・能力として、3観点に従って述べると次のようになる。

> （1）文の中における主語と述語の関係に気付くこと。　　　　　　　〔知識及び技能〕
>
> （2）事柄の順序を考えながら内容の大体を捉えること、また、文章の中の重要な語や文を選び出すこと。　　　　　　　　　　〔思考力、判断力、表現力等〕
>
> （3）作り方の説明のよさを実感し、作りたいものを作るために進んで説明の文章を読もうとする。　　　　　　　　　　　　〔学びに向かう力、人間性等〕

2　本教材の特性

本教材の特性を述べると次の6点が挙げられる。

> ①　「しかけ絵本」という2年生の子にとって魅力ある紙工作の作成を目的としている。
>
> ②　漢数字と見出しによって大まかな手順が示されている。
>
> ③　細かい手順については、「はじめに」「つぎに」といった接続語が用いられている。
>
> ④　本文と写真が「ア」「イ」「ウ」……といった記号で結び付けられている。
>
> ⑤　作り方を理解した上で、自分の「しかけ絵本」を考える流れになっている。
>
> ⑥　本教材文の直後に「おもちゃのせつめい書を書こう」という「書くこと」の単元が配列されている。

3　単元化のポイント

　本教材での学習を、本教材に閉じたものではなく、学習したことが子どもの「日常生活」に生かされるように単元をデザインしていきたい。すなわち、「しかけ絵本」の完成がゴールではなく、「しかけ絵本」を作ることを通して、自分で説明書を読むことができるようになることがゴールであるということを子どもと共有しておきたい。

　しかし、低学年の子は、目の前のこと（この場合、工作）に気持ちが向かいやすい。子どもたちの思いを受け入れながらも、教師は少し先の願う子どもの姿を明確に描くことが、社会で生きて働く資質・能力を育てることにつながる。なお、本稿では、「読んでおもちゃを作ること」をゴールとしているが、本教材文の直後にある「書くこと」をゴールとして設定することも効果的である。「1年生の子におもちゃの作り方の説明書を書いて渡そう」などと、本当に人の役に立つ場を設定することで、子どもの学習は本物になるだろう。

3 単元構想（全8時間）

単元名

自分で説明文を読んでおもちゃを作ろう

単元計画

○数字は時数

一　次	二　　次		
①「本を読んでおもちゃを作る」というゴールを知る	②「しかけ絵本」の作り方をたしかめよう	③作り方をくわしくたしかめよう（1）【本時】	④作り方をくわしくたしかめよう（2）
生活科の学習で、おもちゃ作りをすること、その際、自分で本等の説明を読んで作ることを伝える。読んで作る力を付けるために、これから学習に取り組むことを押さえる。	教科書を読んで、「しかけ絵本」の作り方の大体を捉える。太字で書かれた見出しと「一」「二」という漢数字に着目しながら、大まかな流れを確かめる。	「作り方」の「一　どうぶつの顔をかく」を理解する。「ア」「イ」と記号で文と写真が対応していることを押さえる。「印の向きに気をつける」など重要なところを抜き出して全体で確かめる。	「二　おさらの紙としかけの紙に食べものをかく」「三　しかけを作る」を理解する。「のりしろ」や「しかけの紙」などは一読しただけでは理解が難しい。写真を基に想像しながら確かめたい。

単元の概要

　一次で、生活科での「おもちゃ作り」について説明する。生活科で生かすために、この国語の学習がある、ということである。

　二次では、教材文を読んで「しかけ絵本」の作り方を理解し、実際に作る。

　まずは、全体の概要を把握する。その際、太字で書かれた見出しに着目するのがポイントである。

　次に、中身を読み取っていく。見出しごとに大事な個所を抜き出すようにしたい。

　読み取ったら、書き方の工夫を確かめる。読むときだけでなく、次に書くときに、工夫を認識していることが生きてくる。

　作り方を理解したら、実際に「しかけ絵本」を作る。

　三次では、新たに本や説明書を読んで、作りたいもの決めて作る活動を位置付けている。ここから生活科の時間の中で、国語での学習を生かしていくことになる。

目標

〈知識及び技能〉文の中における主語と述語の関係に気付くことができる。

〈思考力、判断力、表現力等〉事柄の順序を考えながら内容の大体を捉えることができる。また、文章の中の重要な語や文を選び出すことができる。

〈学びに向かう力、人間性等〉作り方の説明のよさを実感し、作りたいものを作るために進んで説明の文章を読もうとする。

評価規準

〈知識・技能〉文の中における主語と述語の関係に気付いている。（（1）カ）

〈思考・判断・表現〉「読むこと」において、事柄の順序を考えながら内容の大体を捉えている。また、文章の中の重要な語や文を選び出している。（C（1）ア、ウ）

〈主体的に学びに向かう態度〉作り方の説明のよさを実感し、作りたいものを作るために進んで説明の文章を読もうとしている。

			三　次
	⑤せつめいの書き方の 　くふうをたしかめよう	⑥お話を考えて、「しかけ絵本」 　を作ろう	⑦⑧せつめいを読んで、 　作りたいものを作ろう
	作り方を分かりやすくするための書き方の工夫を考え、全体で共有する。 ①順序を示す漢数字 ②順序を示す接続語 ③写真と対応させる記号 ④箇条書き	教科書の65、66ページを手がかりにして「しかけ絵本」のお話を考える。 お話を考えたら、教科書に付属の材料を使って、教材文を読みながら作る。作り方に困ったときは、教材文をよく読んで理解するのが大切。	教師が用意した説明書から選んだり、図書室で本を探したりして作りたいものを決める。自分で読みながら作り方を理解するのがポイント。 ※ここから生活科の時間に移行する。

授業改善のポイント

　本稿での提案は、国語の授業と「日常生活」との繋がりをイメージすることである。

　一次で、説明を読んで作ることができるようになるのが目標であることを押さえるが、大事なのは教師がそのことを常にイメージしていることである。大切なのは、単に「しかけ絵本」が完成することではなく、次の機会に子どもが自分で本を読んで作り方を理解できることである。

　そのためには、例えば、「作り方を確かめる授業」で、子どもが「分かった」と思っていても、実は、きちんとイメージできていないことに気付けるようにするといった指導が考えられる。

　また、「実際に『しかけ絵本』を作る授業」で、子どもが作り方に困った時に、人に聞くのではなく、教材文にもどるように声かけすることなども考えられる。

　子どもの「日常生活」でどう行動するかを意識した指導を心がけたい。

4　授業イメージ

1　本時（第3時）の目標

・「一　どうぶつの顔をかく」を読んで、作り方を理解することができる。

2　授業改善のポイント

　子どもが文章を読んで「分かった」と思っても、実際に工作するときには文章の内容を具体的にイメージできていないことも多い。そこで、文章と写真を対応させるなど、正確に読み取るためのポイントに気付きながら進めるようにしたい。

　単に作り方を理解するだけでなく、自分で説明書を読んで理解できるようになることを念頭において授業したい。

> **せつめい書を読むときのポイント**
>
> ・きごうと　しゃしん　をむすびつける。
> ・作っているものを　そうぞうしながら読む。
> ・じっさいに　作りながら読む。

3　授業の流れ

1　「一　どうぶつの顔をかく」を音読する

> 作り方を確かめるつもりで読んでみよう。

　まずは、本時の範囲を音読する。

　その際、「作り方を確かめるつもりで」と活動の意図を伝えておく。一つひとつの活動について、なぜそれをするのかといった意図をはっきりさせておきたい。

　音読後、「どうぶつの顔のかき方は分かった？」と尋ねてみたらどうだろう。「分からない」という子がいれば、その子の分からなさに寄り添いながら授業で確かめていけばよい。

2　ペアで説明し合う

> 説明で分からないところは「どういうこと？」と聞こうよ。

　理解できているかどうかは、説明させてみれば分かる。よく理解できていないところは、曖昧な言い方になるはずだ。

　最初に、教師が文章を読んで、子どもに読むだけでは分からないところを突っ込ませるといい。「アの写真ってどれですか？」「しるしのむきってどういうことですか？」と、いう細かい指摘に答えるには、写真を指したり、台紙を実際に折ったりすることが必要なことに気付くだろう。

「しかけ絵本」を作ろう

めあて

「 どうぶつの顔をかく」を読んで作りかたをりかいしよう。

本文の拡大コピー

写真 おもて

写真 うら

3 全体で確かめる

> だれか前で説明してね。

ペアで説明し合った後、全体で確かめる。

一人の子に説明させ切ってしまうのではなく、途中で交代しながら、多くの子がチャレンジできるといい。特に読むことや話すことを苦手としている子が自信をもって説明できるように支えていきたい。

聞いている子には、説明に対して、うなずきなどの反応を示すようにすると、話し手も伝わったという実感をもてる。

4 説明を読む時のポイントを確かめる

> 説明を読む時は、どんなことに気を付けるとよいね。

作り方を説明したときには、文中の記号と写真を対応させたり、実物を使って表と裏を確かめたりしたはずである。読む時には、実際に作ることをイメージしながら細かいところも確かめることが大切であることを押さえておく。

次時には、そういった読む時のポイントを押さえた上で、作り方を読んでいく。

そうした授業での経験が、自分で説明書を読む時に働く読み方に繋がっていくだろう。

パラリンピックが目指すもの(東京書籍)

東京都・葛飾区立梅田小学校　山本純平

私の授業改善プラン

1　主体的になれない

　東京書籍の国語の教科書には、各学年4本の説明文がある。3本目の説明文では、情報収集・活用能力を高めるように設定されている。「パラリンピックが目指すもの」でも、この教材を読んで調べ学習を進めていくことになる。

　手引きでは、テーマに沿って調べたことを整理し（要約）し、リーフレットにまとめる活動が紹介されている。

　ここでは、次のように単元を組むことが考えられる。初めに、教材文を意味段落ごとに要約する。そこで要約スキル習得する。そして、そのスキルを活用して、自分で資料を要約し、リーフレットにする。

　けれども、練習ということで、意味段落ごとに要約をするうちに、やる気がなくなってしまうことがよくある。また、要約の練習をしても大切な言葉の抜き出し方が分からず、「分からないからやる気がなくなる」という子どもも出てきてしまう。

2　目的を明確にする

　これらは、目的を明確にすることで解決する。

　目的を明確にすることで見通しが立つことに加え、要約は「誰に、何を」伝えたいかがポイントになるためだ。

　説明文は、筆者が伝えたいことを説明するために書かれている。

　小学3年生に「パラリンピックが目指すもの」を伝えたい。

　教材文を要約する時は、ここを意識する。そのうえで、自分が興味をもった意味段落を要約する。いくら練習をする場であっても、それを機械的に行っていては、疲れてしまう。「自分が興味をもった意味段落」と限定することで、大切な言葉を捉えて、主体的に要約の練習をすることができる。

　リーフレットづくりでも、相手意識が重要である。

　「自分が、家の人にボッチャのルールを伝えたい」

　「家の人はこの言葉を知らないかもしれない。だから、こう説明した方が伝わる。この写真があると、よく分かる」

　このように、誰に向けて書くかを明確にすることで、自然と大切な言葉が浮かび上がるのだ。

1　教材分析

1　育てたい資質・能力

目的を意識して、中心となる語や文を見付けて要約すること。〔（思・判・表）読むこと（1）ウ〕

　自分が調べたことについて必要な書籍を選ぶ力を付けたい。

　その書籍の中から取り出した情報を項目ごとに分類する力を育てたい。

　情報を整理し、大切な言葉を抜き出す力を育てたい。

　これらを通して、分かりやすく相手に伝える力を育みたい。

2　本教材の特性

　オリンピック、パラリンピックはタイムリーな話題であり、子どもたちの興味・関心は高い。しかし、名前を聞いたことがある一方、どのような競技があるか、いつ始まったか等、知らないことが多いという実態がある。それは大人にとっても同様で、特にパラリンピックに対する認識は高くない。

　そこで「詳しく調べたい」「知ったことを家の人や祖父母に伝えたい」というモチベーションが出やすい。相手意識をしっかりもてるため、要約する必然性が高くなる。そのやる気を生かして、要約のスキルを習得させたい。

　本教材は「はじめ、中1、中2、おわり」の4つの意味段落に分けることができる。題名が筆者の伝えたいことを表している。パラリンピックが目指しているものは何かを考え、それに関係する言葉に注目して要約する。

　　はじめ　パラリンピックのあらまし。

　　中1　ルールの一部を変えて工夫している、パラリンピックの水泳。

　　　　　重度障害者も参加できるように考えられた、ボッチャ。

　　中2　パラリンピックの選手たちがもつ、大切な4つの力とその意味。

　　おわり　パラリンピックは、多様さを認め、誰もが平等に活躍する社会を目指している。

3　単元化のポイント

　自分が興味をもった競技や選手のエピソードを要約し、パンフレット等にして相手に分かりやすく伝えることが目的となる。

　そのために、教材を意味段落に分ける。その過程で、どのような視点が大切かを読み取る。次に意味段落を要約することで、要約の仕方を学ぶ。このように、単元を通して要約スキルの習得と活用ができる。

2 単元構想（全 12 時間）

パラリンピックについて調べよう

単元計画

○数字は時数

一次	
①〜④文章をまとまりにごとに（意味段落に）分けよう	
まとまりごとに要約しよう【本時】	
題名や第 11 段落を読み、この文章で作者が言いたいことを知る。	
文章を意味段落で分け、大まかな内容を確認する。	
「繰り返し出てくる言葉、題名に関係する言葉」という、大切な言葉の見つけ方を知る。	
中1 の競技については「①どんな種目　②ルール　③参加できる工夫」の視点で内容を押さえる。	
中2 の選手については「4つの大切なもの」を具体的にイメージする。	
自分が興味をもった意味段落を決め、その意味段落だけを要約して書く。	
要約のポイントを振り返りながら、教師が主導して全体で意味段落を要約する。	
全体で はじめ の意味段落を要約し、リーフレットに書く。	

単元の概要

　要約では、自分の必要とするポイントに合わせて言葉を選ぶ必要がある。けれども、なかなか適切な言葉を選べないことが実情である。そこで、要約のやり方を教える時に「どの項目を入れておけばよいか」という視点をもたせる。

　自力で要約できるように視点を意識し、以下の活動を行う。

　①教材文を生かして、要約のやり方を学ぶ。

　②相手意識をもって伝えたい情報を取り出す（選書・要約）。

　③より伝わりやすくなるよう、工夫してまとめる（写真・レイアウト）。

　教材文を要約する時、大切な言葉の見つけ方や「視点」という形で、要約のやり方を明確にした。リーフレットに要約する時には、この視点にのみ限定しない。自分が驚いたことや、感動したこと、伝えたいと思ったことを要約に入れることも評価する。

目標

〈知識及び技能〉比較や分類の仕方、必要な語句などの書き留め方、引用の仕方や出典の示し方を理解することができる。

〈思考力、判断力、表現力等〉目的を意識して、中心となる語を見つけ要約することができる。

〈学びに向かう力、人間性等〉目的を意識して中心となる語や文を見つけて要約し、事典や図鑑などから情報を得て、分かったことなどをまとめて説明しようとする。

評価規準

〈知識・技能〉リーフレットにまとめるための必要な語句などの書き留め方、引用の仕方や出典の示し方を理解している。((2) イ)

〈思考・判断・表現〉「読むこと」においてパラリンピックとは何か、ということについて、競技の種類やルールにかかわる言葉を手がかりに、文章を要約している。(C (1) ウ)

〈主体的に学習に取り組む態度〉調べて分かったことを整理して、紹介するために大事な言葉や文を落とさないように要約して、リーフレットにまとめようとしている。

	二次	三次
	⑤〜⑧何を調べたいか、考えをまとめよう 自分が興味をもったことを調べよう	⑨〜⑫リーフレットにまとめよう リーフレットを読み合おう
	どのような資料があり、どんなことが書かれているかを読む。 ドーナツチャートを使い、興味をもったことを書き出す。 ※ほとんどの子どもは競技について調べるだろう。上級者用として選手について調べてもよいことを伝える。その場合、選手についての資料の中に、「４つの大切なもの」を視点として用意する。４つのうち、どれがどのように書かれているか分かるように要約するよう支援する。 視点を意識して、調べたことを要約する。	絵や写真を入れてもよいことを伝え、レイアウトを決める。 ※子どもの実態に合わせてまとめ方を提示する。リーフレットの折り方を変えることで、難易度が変わる。 中1 や 中2 の視点をもとに要約できているか、友達と評価し合う。

授業改善のポイント

　要約のスキル習得は重要である。だからこそ「要約への必然性をいかにもたせるか」ということを授業改善の第一のポイントとして挙げたい。

　筆者は読者に伝えたいことがあって説明文を書いている。筆者は、小学３年生が理解できるように、膨大な情報を短くまとめている。そして、小学３年生に分かるように必要な言葉を選び、構成や事例の取り上げ方を工夫しているのだ。

　子どもたちも同様である。自分が何に心を動かされ、何を伝えようと思ったのか、家の人に伝えるためにはどの言葉を選ぶとよいのか、伝えたいことや相手意識を明確にすることで、要約に必要な言葉を選ぶことができる。

　要約の能力を習得し、活用する単元である。けれども、活動の根底には「伝えたい。知らせたい」という思いがなければ、主体性を発揮できない。「伝えたい。知らせたい」があって、その後に「どうすれば伝わるかな」という学びに向かう態度が醸成される。

3 授業イメージ

1 本時（第３時）の目標

・全体で初めの意味段落の要約を行いながら、目的を意識して、中心となる語を見つける方法を理解できる。

2 授業改善のポイント

・自分が好きな意味段落を決める。
・まだ決まっていない友達に向けてその段階に決めた理由を述べる。

相手意識、目的意識を明確にすることで、主体性が出てくる。

また、説明や話し合いの過程で、自分がどの言葉を大切にするのかが明確になる。そのため、要約に必要な言葉を選ぶことができるようになる。

④パラリンピックのきょうぎには、いろいろな種目があります。オリンピックとほとんどかわらないルールのものもありますが、ルールの一部をくふうしてかえることで、しょうがいのある人がさんかできるようにしているものもあります。また、パラリンピックにしかないきょうぎもあります。ここでは、夏のパラリンピックで行われる二つのきょうぎについてしょうかいしましょう。

（パラリンピックはオリンピックの直後、同じ場所で開さいされる。）
パラリンピックのきょうぎには、オリンピックとほとんどかわらないルールのもの、ルールの一部をかえたものがある。（しょうがいのある人が参加できるようにしているもの）
また、パラリンピックにしかないものもある。

要約のポイント
必要な言葉を使う　知っていることはカットする
　　　　　　　　　伝えたい言葉を残す（筆者の言いたいこと）
題名にかんけいする言葉（パラリンピックが目指すもの）
くり返し出ている言葉

3 授業の流れ

1 自分の好きな意味段落を決める

> どんな大きなまとまりがあったかな？　どの大きなまとまりが好き？

前時では「①～④を一つとして考えると、他にはどこでまとまるかな？」のように発問し、意味段落に分けておく。意味段落に分けるという目標で教材文に向かわせている。教材研究では、項目の整理をする関係で４つに分けたが、５つにしてもよい。

⑤～⑧をまとめる派と⑤⑥、⑦⑧と分ける派が出てくる可能性がある。このようにして５つに分ける場合、オリンピックにもあり、ルールの一部を工夫した⑤⑥、パラリンピックだけの⑦⑧と意識させておく。それが後に調べ学習をする時の視点となる。

2 選んだ意味段落のよいところを伝える

> 自分の仲間になるように、そのまとまりが好きな理由を発表してもいいよ。

好きな意味段落を決めるのは、今後、主体的に要約をしていくための助走となる。

自分の好きな意味段落が決まったら、教室の後方に行き、決まった子ども同士で理由を話し合う。

半数以上が後ろに行ったら、同じ意味段落の仲間で集まる。まだ好きな意味段落を見つけられない子どもに、その意味段落の良さを話す時間をつくる。どんなことに驚いたのか、すごいと思ったのか、様々な角度から内容を説明することで、主体的に教材文を読むこととなる。

パラリンピックが 目指すもの

藤田　紀昭

一番好きな大きなまとまりは？

大きなまとまり

① パラリンピックの説明

② 水泳　　オリンピックにもある

③ ボッチャ　パラリンピックだけ

④ 四つの力
- 「勇気」
- 「強い意志」
- 「インスピレーション」
- 「公平」

パラリンピックが目指すもの

[筆者の言いたいこと]

人が持つ多様さをみとめ、だれもが平等に活やくできる
社会の実現を目指すためのもの　↑　大会、スポーツの祭典

ルールにおどろいた
水中からスタートできる
けがをしないようなくふう

パラリンピックにしかない
重度しょうがいでもできる
アシスタントがいてびっくり

言葉がかっこういい
心をゆさぶるというのがいい
パラリンピックにとって大切

要約しよう

①二〇二〇年に東京で開かれるオリンピックとパラリンピック。

②オリンピックが四年に一度開かれる世界的なスポーツの祭典であることは、みなさんもよく知っていることでしょう。東京で開かれるのは一九六四年以来二度目となり、多くの人によるじゅんびが行われてきました。

③一方、パラリンピックは、さまざまなしょうがいがある人たちが出場する、世界最大のしょうがい者スポーツの祭典です。一九八八年のソウル大会からは、オリンピックの直後に同じ場所で開さいされるようになりました。[入れたい人は、入れる]

3　はじめの意味段落をまとめる

何に気を付ければ、大事な言葉が
分かるかな？

　要約のスキル習得の時間であるが、教え込みになりすぎないよう注意する。「次回は自力で要約するから、今回は一緒にやってみよう」とできるだけ押し付けない表現にした声かけでスタートする。

　「大事な言葉」は要点指導の復習となる。もし、十分に浸透していなければ「繰り返し出てくる言葉」、「題名に関係する言葉」に注目することをこちらから提示する。

　筆者の主張に関わる言葉は残す。どちらともつかないものは、自分が伝えたいかどうかできめる。

4　要約のポイントを振り返る

要約する時の大事なポイントを
1つ教えてくれる？

　ポイントを「大事」、「1つ」と限定することで、意見をまとめやすくなる。

　大切な言葉を選ぶ時は「繰り返し出てくる言葉」、「題名に関係する言葉」の2つの項目で整理する。

　「パラリンピックが目指すものは何か」という観点で必要な情報か、必要でない情報かを仕分けすることについて書いている子どもを評価する。

　次時は、自力で要約する時間となる。この振り返りは重要である。10分程度は時間をかけ、丁寧にポイントをまとめたい。

すがたをかえる大豆 <small>（光村図書）</small>

大阪教育大学附属平野小学校　笠原冬星

私の授業改善プラン

1　一教材だけを読むのではなく、様々な教材を読むことにより、説明文に対する読みを深める

　従来の授業では、1つの説明文を長時間かけて読むことが多かったが、どうしても単元が冗長化され、集中力がなくなってしまう子どもがでてくることもあった。そして、一か所でつまずいてしまうと、その単元すべてが理解できなくなってしまう恐れもある。

　そこで、本単元では、子どもが主体的な学びを持続できるように、「たべもの説明文のマスターになろう！」という単元を組み、様々な食品に関する説明文に触れ、自分自身の説明文を完成させる単元を考える。

2　複数の説明文を読むことのメリット

　様々な説明文を読むことのメリットは、「見比べることができる」という点である。一つの説明文だけを読んでいると気付かないことも、複数の説明文を読むことによって気付くことができることがある。また、一つの説明文を次の説明文を読むための練習教材として使うことできる。今回の「すがたをかえる大豆」では、意味段落があるが、そのまま学習しても気付くことは難しい。そこで、「ミラクルミルク」（学校図書令和2年度版に収録）を事前に学習することによって、「意味段落」という言葉を知ることができ、その後「すがたをかえる大豆」を読み直すことによって、意味段落に気付くことができる（「ミラクルミルク」のような教材のことを「焦点化教材」と呼ぶことにする）。

　今回の学習する説明文の一つである「すがたをかえる大豆」の文中には、「ごはんになる米、パンやめん類になる麦」という文言がある。これは「米と麦」を読むときのきっかけとなる。このように各説明文にはつながりがあり、このつながりを生かして学習をすることによって、子どもは主体的に学習に取り組むことができると考えられる。

　単元の最後に「自分の調べた食べ物の説明文」を書き、単元で学習したことをまとめる。このときには、ある程度枠組み（設計図）を決めてあげることで、書きやすくなる。

　このように、様々な作品を往還して読むことにより、子どもは飽きることなく単元に取り組み、「読む」活動をしっかりと深めて進めることが可能となる。

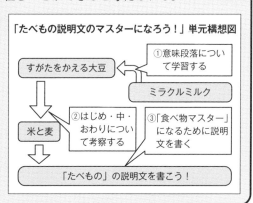

「たべもの説明文のマスターになろう！」単元構想図

1 教材分析

1 育てたい資質・能力

　本単元では、「思考力、判断力、表現力等」においては、第一次と第二次でC「読むこと」に示されている学習過程の「構造と内容の把握」と「精査・解釈」を行う。「構造と内容の把握」では、説明文の大まかな構造について把握する。その過程で「精査・解釈」として、「ミラクルミルク」を学習することにより、「意味段落」について学習をしていく。「知識・技能」としては、意味段落という用語について知り、「読む」で学習した、それぞれの説明文にあるいろいろな書き方の工夫を生かして、説明文を書く。そして、様々な食品に関する説明文を読むことにより、説明文に対する「見方」や「考え方」をもち、「すがたをかえる大豆」などに書かれている工夫を生かすことにより、「自分なりの説明文を書こう」という、学びに向かう力も高まると考えられる。

2 本教材の特性

　「すがたをかえる大豆」は、大豆が様々なすがたに変えていることを簡単にできるものから、複雑な工程を経るものへ、徐々に詳しく説明が行われている文である。同様の説明文では、他の教科書会社にも掲載されており、「ミラクルミルク（学校図書令和2年度版）」や「米と麦（三省堂平成27年度版）」等がある。

　そこで、今回の単元では、「すがたをかえる大豆」以外の文章を考えることにより、より深く食べ物の説明文を考えることができ、同じような食べ物つながりの内容の授業を合わせて行うことにより、児童の意欲も高まり、学びに向かいやすくなると考える。

　「すがたをかえる大豆」を軸にして、「ミラクルミルク」や「米と麦」という説明文を読むことにより、意味段落やはじめ・中・おわりについての学習をスムーズに行うことができる。「すがたをかえる大豆」では、示されている資料の中でも、「ダイズ」の写真に着目して行う。これは「情報の扱い方」を意識している。この「ダイズ」の写真は、本来「すがたをかえる大豆」なので、特に必要とされていない資料であるが、わざわざ入れてある。これは⑦段落の「ダイズ」について書かれている段落を補足するためであると考えられる。

　そして、「たべもの説明文のマスターになろう！」の単元の最後には、自分なりに調べた食べ物について説明文を書く活動を設定し、今までに学習したことを生かして自分なりの説明文を書くことが目標である。

3 単元化のポイント

　「主体的・対話的で深い学び」を実現させるために、様々な説明文を読み比べることにより、児童は飽きることなく主体的に学びに向かえる。また、「意味段落」について知ることができ、最初の写真に着目することにより、「タイズ（植物）」について書かれている段落に目を向けさせ、意味段落についてさらに言及していくことが可能となる。

2 単元構想（全7時間）

単元名

たべもの説明文のマスターになろう！

単元計画

○数字は時数

一次		二次	
①「すがたをかえる大豆」を読んで、気づいたことを書こう。	②「すがたをかえる大豆」を接続詞をもとに、考えよう。	③「ミラクルミルク」を読み、意味段落について知ろう。	
「すがたをかえる大豆」を読んで自分で気付いたことや疑問に思ったことを書く。この気付いたことや疑問の思ったことをもとにして、単元の計画を考えて、学習を進めていく。	すがたをかえる大豆には、「いちばん分かりやすい」「次に」「また」「さらに」「これらの他に」というように各段落の最初には分かりやすい接続詞がついているので、それをもとにして各段落に何が書かれているかを考えていく。	同じように食品について書かれている「ミラクルミルク」を読んで、「意味段落」について知る。ミラクルミルクでは、分かりやすく「○○への変身」という書き方で、三つの意味段落があることを知る。	

単元の概要

　本単元では、いろいろな「食品」に関する説明文を読みながら、食に対する興味・関心を高め、最終的には自分でオリジナルの説明文を書く。また、その過程で、各説明文の特徴を捉え、比較することにより、国語的な内容に関しても押さえていく。

　「すがたをかえる大豆」では、「はじめに・次に」などの接続詞等を学びつつ、意味段落についても考えてみる。そして、最初に示されている資料は植物の「ダイズ」の写真であり、これが後に考える意味段落を分けるときに役立てることができる。「ミラクルミルク」では、「ヨーグルト」「バター」「チーズ」への変身を考えることによって、意味段落について知ることができる。「米と麦」では、学習した意味段落を生かしつつ、はじめ・中・おわりについても言及していく。

　このように、それぞれの作品を往還しながら学習することによって、各作品の理解も深まっていく。

目標

〈知識及び技能〉「接続詞」や「意味段落」という用語について知ることができる。

〈思考力・判断力・表現等〉すがたをかえる大豆の意味段落について考えることができる。

〈学びに向かう力、人間性等〉食べ物に関する説明文を読んだり、書いたりしようとする。

評価規準

〈知識・技能〉「接続詞」や「意味段落」という用語について知ろうとしている。（(1) カ）

〈思考・判断・表現〉「読むこと」において、意味段落について考えようとしている。（C（1）ア）

〈主体的に学習に取り組む態度〉食べ物に関する説明文を読んだり、書いたりしようとしている。

	二次		三次
	④「すがたをかえる大豆」の意味段落について考えよう。【本時】	⑤「米と麦」を読んで、はじめ・中・おわりについて考えよう。	⑥⑦今までに読んだ「食べ物」に関する説明文を参考にして、食べ物に関する説明文を書こう！
	「ミラクルミルク」で学習した「意味段落」が「すがたをかえる大豆」でもあるかどうかを考える。その際、2時間目に考えた「接続詞」や資料の1枚目「植物としてのダイズ」の写真を基にして、「大豆」と「ダイズ」の意味段落があることに気付く。	同じく食べ物について書かれている「米と麦」について考えていく。このとき、「米と麦」のはじめ・中・おわりについて考える。最後は、イネやコムギに限らず、食べ物全体について書かれていることに気付く。	今までに学習したことをもとにして、自分で「食べ物」に関する説明文を書いていく。特に、書く時には、2時間目に学習した「接続詞」を意識して書くようにする。書き終わったら作品を掲示して、友だちから意見をもらえるような環境を整えていく。

授業改善のポイント

　従来の授業では一つの作品をじっくりと読みながら進めることが多かった。しかし、長時間同じ説明文を読むことによって子どもが飽きてきたり、一度読めないとそのまま最後まで分からなかったりする状態が続いてしまう。

　そこで、本単元では、様々な作品を読み比べることによって、児童が飽きることなく、学習を進めることができるように計画している。また、いろいろな説明文を読むことによって、「練習の説明文→活用の説明文」という、算数の「練習問題→応用問題」のように学習を進めていくことにより、スモールステップの単元が構成される。そして、「すがたをかえる大豆」では、「大豆（ダイズ）」という言葉に着目し、板書で色分けなどを行うことにより、内容の理解が深まると考えられる。この時に着目するのが最初に提示されている写真である。

　このように、各作品のよさを生かしながら読むことにより、各々の作品の内容を深めていくことができる。

3 授業イメージ

1 本時（第4時）の目標

・「すがたをかえる大豆」の意味段落や一枚目の写真の意味・価値について考えることができる。

2 授業改善のポイント

　本時では、「すがたをかえる大豆」の意味段落について考えていく。そこで重要となるのが最初の写真である。この写真はダイズ（植物）の写真であり、⑦段落のヒントとなっている。この写真を使うことにより、「大豆」と「ダイズ」の違いについて考えていき、そこから「大豆」のまとまりと「ダイズ」のまとまりを考えることにより意味段落をまとめていく。

（板書）

（一枚目の写真）

植物の「ダイズ」

②だん落　大豆は、ダイズという植物のたねです。

③〜⑥だん落→「大豆」
⑦だん落→「ダイズ」

まとめ
・すがたをかえる大豆には二つの意味だん落がある。

⑦だん落
植物のたねです。

3 授業の流れ

1　各段落に書かれていることを復習する

> 大豆はどんなものに変身しているかな。

　「はじめ・中・おわり」の「中」の部分について考える。この時、各段落の最初に書いてある「いちばん分かりやすい」「次に」「また」「さらに」「これらのほかに」といった言葉に着目し、考えてきたことを復習する。そして、「ミラクルミルク」では、意味段落があったことを思い出し、「すがたをかえる大豆」でも意味段落があるかどうかの「めあて」を子どもとともに考える。

2　「大豆」と「ダイズ」の違い

> ③〜⑦段落を2つに分けるなら、どう分けますか。

　先程考えた③〜⑦段落の意味段落について考えていく。ここでは、「どのように分けますか」と聞くことも可能である。ただし、いろいろな分かれ方がでてくるので、クラスの実態によっては、「2つに分けるならどう分けるのか」、「⑦段落と他の段落の違いはなんですか」等、スモールステップになる発問を用意しておくことも重要である。そして、②段落に着目し、「大豆」と「ダイズ」の違いについても考える。

すがたをかえる大豆

国分 牧衛

③「まずはじめに」
④「次に」
⑤「また」
⑥「さらに」

⑦「これらのほかに」

すがたをかえるくふう

「○○のくふう」と書かれている。

ミラクルミルク➡意味段落があった。

すたがをかえる大豆にも意味段落はあるのか？

③〜⑦段落を2つに分けるなら、どう分けますか？

（児童の意見）

---

3 「最初にでてくる写真」について考える

最初の写真がないとだめですか。

　教科書に掲載されている、手で「ダイズ」を持っている写真の意味について考える。この写真は植物の「ダイズ」の写真である。本来「大豆」だけ考えるなら必要のないものであるが、「大豆は、ダイズという植物のたね」であることに着目し、種である「大豆」だけでなく、植物である「ダイズ」についても情報を載せていることについて考えていく。最終的にはこの写真の「意味」や「価値」について考えることができるとよい。「写真がなかったら」、「写真を文書に入れるなら、何段落がよいか」等も考えると分かりやすくなる。

4 意味段落にまとめる

「大豆」と「ダイズ」についてまとめよう。

　今日の授業のまとめを行う。「大豆」は「ダイズ」という植物の種であることや、意味段落について書かれているとよい。このとき文章構成図を使ってまとめてもよい。見取りについては、「大豆」と「ダイズ」の段落の違いについてまとめることができているかどうかを見る（具体的には大豆の意味段落③〜⑥と、ダイズの意味段落⑦について文章構成図などを使って書けていればよい）。あと、1枚目の写真の取り扱いについても、自分なりのの考えや意味・価値を見出し、まとめに書かれているとよい。

川をさかのぼる知恵 <small>（教育出版）</small>

昭和学院小学校　拓植遼平

私の授業改善プラン

1　「実態に合った授業」を創る

　現行の学習指導要領の「主体的・対話的で深い学び」について、それぞれの先生方や学校で検討（Plan 計画）を重ねてきて実践（Do 実行）に移されている。日々の授業の中で、子どもたちのどんな様子を見とることで「主体的な学習ができた」「対話的な学習ができた」「深い学びだった」と評価できるのだろうか。その部分（Check 評価）が曖昧なままであると子どもの学びのためになっているのかも分からないし、実態に合ったよりよい学習（Act 改善）にもつながらない。そこで、評価の部分が大切になってくる。評価と言ってもテストなどばかりではない。子ども自身が「学びを実感する」姿を評価することが大切である。そのため、子ども自身が「学びを実感できる」を目標とした授業創りをしていきたい。まず、子どもが「学びを実感」する場面を以下のように考えた。

① 未知のものや、考えが定まっていなかったものをはっきりと理解した時

② 「次に使えるな」と感じた時

③ 実際に使ってみて「いつでも使えるな」「より正確に理解するには、言葉にこだわる必要があるんだな」と、感じた時

　子どもが①〜③の実感を得るためには、単元の構成だけではなく、系統を意識していく必要がある。特に、②や③は、積み重ねと繰り返しが必要であり、次の学習材で活用することで得られるものである。系統については『筑波発　読みの系統指導で読む力を育てる』（東洋館出版社）の提案を参考にしていただきたい。

2　「学びを実感できる」授業づくり

　授業の中で子どもが「学びを実感できる」ためには、「しかけ」を用意することが重要である。「しかけ」には、もちろん日々、工夫している「学習課題の設定」や「発問」が含まれている。ここで言う「しかけ」には、思考（理解）→応用（使ってみる）→再思考（考え直して、はっきりと理解）のサイクルが必要である。今までよりも、再思考させる場を意識して授業づくりをしていきたい。再思考させるとは、思考して分かったもの（分かったつもりのもの）を確かな理解へとつなげることである。「しかけ」には「学習課題の設定」「発問」「板書」「学習形態」「対話のあり方」「ワークシート」「本文の使い方」などたくさんのアプローチがある。子どもたちが AI 時代を生き抜くために、再思考の場を設定することが「学びの実感」につながるという視点を前提に、どの「しかけ」をどう活用していくのかを考えていくことがこれからの授業づくりに必要である。

1　教材分析

1　育てたい資質・能力

知識及び技能	それぞれの段落の内容とその段落の役割についてや、内容を大きな枠組みで理解することができる。
思考力、判断力、表現力	図や写真を文章と結び付け、本文が大切であることを知り、中心となる語や文章を見つけることができる。
学びに向かう力、人間性等	自分の理解したことを人に伝えるために分かりやすくまとめることができる。

2　本教材の特性

　「川をさかのぼる知恵」は、従来の教科書教材「どちらが生たまごでしょう」と異なり、身近な話題ではない。しかも説明が複雑になっており、文章のみで内容を正確に理解することは、大人でも困難である。そこで本教材は、写真を効果的に使用している。水の水位の変化など時間とともに変わるものは、文字情報だけでは子どもにとっては理解しにくい。図や写真と本文を結び付けて考えることで図や写真の大切さを体感できる教材である。ただし児童にとって、

---

① 身近でないこと
② 知りたいと思いにくい内容であること
③ 説明が複雑なこと

などが、内容の理解を妨げる要因となるのは忘れてはいけない。この説明文を児童が読み解こうとした時、教師がいかに興味をひき付けられるかが鍵である。また、図や写真がいかに大切であるかという実感をもたせることが重要である。

3　単元化のポイント

「主体的・対話的で深い学び」を実現させる授業デザイン

　本教材の特性③に記したように本教材は、説明が複雑である。そのため子どもたちは、自然と図や写真を手がかりにしようとするだろう。ただ、この時に危険なのが「分かったつもり」になってしまうことである。算数の学習などでは、「人に説明できるようになって初めて理解している」と言われることがある。国語の学習でも同様である。説明には、書いたり話したりと方法は色々とあるが、本教材でも図や写真と本文を結び付けた説明ができて初めて理解したと言えるので、説明する時間をしっかりと確保したい。

2 単元構想（全6時間）

図や写真と文章を、むすびつけて読もう

単元計画

○数字は時数

一次	
①何が書かれているか、どんなお話か整理してみよう	②見沼代用水「見沼通船堀」、パナマ運河の事例を詳しくみてみよう（事例の大体を掴む）
本文を読み、「形式段落」「問い」「答え」がどこにあるのかを押さえる。見沼通船堀とパナマ運河のことが書かれていることを確認する。「おわり」のない形の文章があることを教える。	なぜ、見沼通船堀が必要になったのか、どんな危険なことがあったのか読み取る。人々の工夫によって高低差の問題を解消したことを気付かせる。パナマ運河も同じ知恵の事例だと理解させる。

単元の概要

　本教材は、大きく2つの特徴がある。1つ目は、おわりの段落がないということである。事例の話が終わるとともに本文も終わっている。この形があることを教える必要がある。

　2つ目は、事例が2つ提示されていることである。2〜15段落までの「見沼通船堀」の事例①と、17〜18段落の「パナマ運河」の事例②である。2つの事例で段落の数と文章量が大きく異なることから「見沼通船堀」に時間を割いた単元計画となっている。事例①の中の7段落で「問い」があり、その問いに対する説明が文章と図を使って行われている。文章と図を照らし合わせたのちに自分の言葉で説明させることで「分かったつもり」に気付き、読み直しをしたいという気持ちをもたせたい。それが、二次へとつながっていく。

　難しかったり、聞き慣れなかったりする言葉の多い説明文の学習では、全体を俯瞰して見られるよう大体のフレームを早い段階で押さえる必要がある。そこから、小見出しをつけたりしながら必要な段落には時間を割いて考えていくという学び方を示してく必要がある。

目標

〈知識及び技能〉考えとそれを支える理由や事例、全体と中心など情報と情報との関係について理解することができる。

〈思考力、判断力、表現力等〉図や写真を文章と結び付け、本文が大切であることを知り、中心となる語や文章を見つけることができる。

〈学びに向かう力、人間性〉進んで文章を読み、理解したことをパンフレットに分かりやすくまとめようとする。

評価規準

〈知識・技能〉内容の大体やフレームを把握することで、文章全体を俯瞰して見ている。（（1）カ）

〈思考・判断・表現〉「読むこと」において図や写真を文章と結び付け、本文が大切であることを知り、中心となる語や文章を見つけている。図。（C（1）ウ）

〈主体的に学習に取り組む態度〉進んで文章を読み、理解したことをパンフレットに分かりやすくまとめようとしている。

			二次
	③図や写真に注目して、文章の内容を詳しく知ろう	④図や写真を使って見沼通船堀の仕組みを人に伝えよう【本時】	⑤⑥人に伝わるパンフレットを書こう
	見沼通船堀の具体的な仕組みや様子、パナマ運河の位置や様子について図や写真と文章を対応させる。図や写真があると便利なこと、文章と対応させると理解しやすいことを理解させる。◀改善ポイント①	見沼通船堀の仕組みを、人に伝える。図や写真を使って説明してみても、なかなかうまく伝わらない体験を通して、本文に戻り、言葉にこだわる必要があること、図や写真は必要であり、便利であるが本文が1番大切であることを理解させる。	図2を活用して9〜14段落の文章を自分なりに分かりやすくまとめる。読み手を決めて意識して取り組み教科書とパンフレットのどちらが読みやすいか判断させる。◀改善ポイント②

授業改善のポイント

改善ポイント①　子どもたちは今までの学習でも、図や写真を見ながら取り組んできている。だからこそ教師は、これらが大切であることを子どもがすでに分かっていると思いがちである。例えば、黒板に図や写真をバラバラに貼ってみたり（図2をさらにバラバラにするとパニックになるかもしれない）、パナマの位置を聞いてみたりすると分かっていないことが見えてくる。そうすることで子どもは教科書を見たくなる。そうやって必要感をもたせた上で具体的にどの段落と対応しているのかを考えさせていきたい。

改善ポイント②　学習のゴールを学習の最初に示すことがよくある。しかし、教師がそこを意識しすぎると肝心の読む力を育てる学習が疎かになりがちである。今回のパンフレットづくりでも、これが単元の目標ではなく、一次の学習が大切であることを意識しておく必要がある。

　子どもが書く活動では、前時に探したキーワードを押さえて書いていくだけでなく、図をさらに分かりやすくするために、記号などを加筆してもおもしろい。活動の際には、読み手を誰にするのかを意識して行いたい。

3 授業イメージ

1 本時（第6時）の目標

・図や写真がいくらあっても、内容を理解し説明できるようになるためには、文章と言葉にこだわる必要があることに気付き、キーワードを探したり本文を何度も読み直したりすることができる。

2 授業改善のポイント

　前時の学習を想起させ、文章の中身を理解していると思わせる。うまく説明できないことで、もう1度本文を読みたい、考えたい、と思わせる。その上で本文が1番大切であることを体感させる。

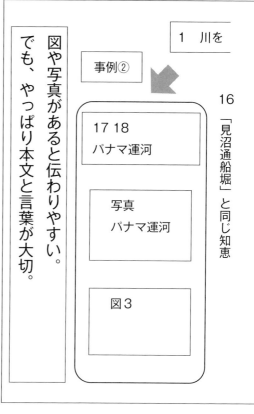

3 授業の流れ

1 前時の学習を振り返る

> 図や写真のことも分かったし、内容は理解できたかな？

　前時の学習の振り返りとして、図や写真を黒板にランダムに貼ってみせる。「もう分かってるよ」「簡単に並び替えられるよ」という声が聞こえたら、しめたものである。子どもに並び替えてもらいながら説明文のフレームを意識して板書する。図や写真と段落との対応を意識しながら本文を読ませる。

2 さっそく説明をしてみよう

> 図2を使って見沼通船堀の仕組みを説明しよう。

　「本当に分かっているなら説明できるよね？」などと声をかけ、隣の人に説明させる。いざ、説明してみると内容を知っている相手でもうまく伝わらないことを体感させる。

　全員が体験した後、数人にみんなの前で説明をさせる。もし、隣の子に上手に伝えることができた子（◎）がいたら比較するために後に取り上げる。

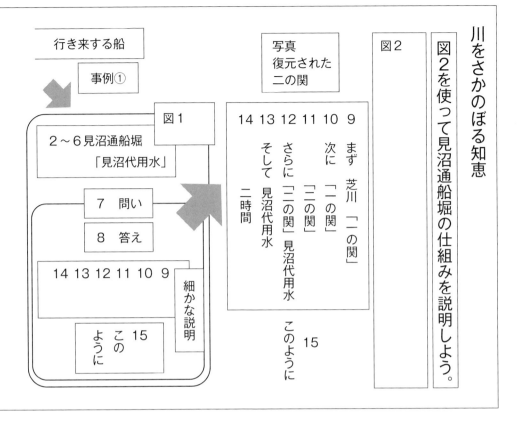

川をさかのぼる知恵

図2を使って見沼通船堀の仕組みを説明しよう。

図2

写真
復元された
二の関

14 13 12 11 10 9
まず　芝川　「一の関」
次に　「一の関」
　　　「二の関」
さらに「二の関」見沼代用水
そして　見沼代用水
二時間　　　　このように

15

行き来する船

事例①

図1

2〜6見沼通船堀
「見沼代用水」

7　問い

8　答え

14 13 12 11 10 9

細かな説明

15 この
ように

3　伝わらなかった原因を探る

> なぜ、上手く説明できないのだろう？

　自分たちに何が足りなかったのかを考えさせる。◎の子がいたら比較しながら考えさせる。ここでの検討を本文に戻るきっかけにしたい。なので、「図や写真があってもそれだけじゃ駄目だ」「ちゃんと理解するためにはしっかりと読まないといけない」「もう1度読み直したい」など、主体的な発言を引き出したい。キーワードを探しながら読みこみ、再び図2を使った説明にチャレンジさせる。

4　本文が1番大切であることを理解する

> さっきよりは伝わったかな？

　どのような言葉に着目して説明したのか確認する。本文やキーワードを意識した結果、1度目より少しでも相手に伝わりやすくなっていればよいこととし、言葉にこだわることを価値付けする。

　また、「分かったつもり」になっていたこと、図や写真はあくまで本文の補助の役割であり、本文が1番大切であることを理解させる。次時には、「話す」ではなく「書く」で人に伝えることを知らせる。

世界にほこる和紙 （光村図書）

東京都・立川市立第六小学校　溝越勇太

私の授業改善プラン

1　物語文の学習における「深い学び」

　国語科の、特に説明文の学習における「深い学び」とはどのようなものだろうか。私は、「子どもたちが、これまでに習得した知識（読み方）を、繰り返し活用・発揮させることで、特定の状況（文章）にとどまることなく、いつでもどこでも使いこなせるようになっていくような状態をめざすこと」ととらえている。

　これからの社会においては、子どもたちが他者とともに様々な問題に立ち向かい、解決方法を探り出していけるような力を育てていかなければならない（田村学『深い学び』東洋館出版社、2018）。それは、説明文の授業においても大切にしたいことである。

　つまり、一方的に知識（読み方）を教え込むだけの授業ではなく、知識を活用・発揮できるような「深い学び」の授業づくりが求められていると考える。

2　「主体的・対話的で深い学び」を実現する授業づくり

　「主体的・対話的で深い学び」を実現する授業づくりには、3つの原理（「有意味学習」「オーセンティックな学習」「明示的な指導」）がある（奈須正裕『「資質・能力」と学びのメカニズム』東洋館出版社、2017）。

【有意味学習】子どもたちは、たくさんの既有知識をもっている。説明文の説目内容に関する知識はもちろん、これまでの説明文で学習してきた「読み方」のような国語科固有の知識ももっている。授業づくりにおいては、このような子どもたちの既有知識との関連付けを意図的に行い、授業を「有意味学習」にすることを意識したい。

【オーセンティックな学習】オーセンティック（本物の）学習の基本的な考え方は、具体的文脈や状況を含んだ学びをデザインして、知識が現実の問題解決に生きて働くようにする、ということである。現実の社会で説明文を読むのは、知りたい情報を得たいときなどであるし、要約をするのは誰かにコンパクトに伝えたい時などである。伝える仲間と読みを交流する中で、国語科で身に付けたい「読み方」に気付いていけるようにしたい。

【明示的な指導】ある教材文で「読み方」を学習したからといって、他の文章でもすぐにその「読み方」が使えるかというと、そう簡単ではない。教材や状況に貼り付いた学びを、他の文章読解に活用できるよう自覚化・道具化するためには、明示的な指導が必要である。意図的・計画的に他の作品でも系統的に指導したい。

1 教材分析

1 育てたい資質・能力

　「世界にほこる和紙」は、構成がとらえやすく、筆者の考えとその理由の関係をとらえたり、 中心となる語や文を見つけたりする学習に適している。単元の後半で地域の伝統工芸を他の地域に住む小学生に紹介するという学習を設定することで、要約する必然性をもたせたい。要約については、1学期にも学習しているが、ここでは、目的を意識して要約し、力の定着を図っていく。地域の伝統工芸について調べて分かったことをまとめる活動では、百科事典や関連書籍を読む必然性が生まれる。目的を意識して読書をすることができるようにしたい。

2 教材の特性

　本教材は、多くの人に和紙のよさを知ってもらい、使ってほしいという筆者の思いが書かれた文章である。文章の構成は双括型で、「初め」と「終わり」で筆者の和紙に対する思いが述べられている。「中」では、和紙のよさが複数の事例を挙げて詳しく説明されている。洋紙と比較しながら述べられていることや複数の事例を挙げて説明していることのよさを子どもが気付くようにしたい。教材文の中では、複数の写真が使われており、本文を補ったり、本文で述べられていることの具体的な様子を示したりしている。本文と照らし合わせながら本文を見ることで、説明されている内容の理解を深めさせたい。

3 単元化のポイント

「主体的・対話的で深い学び」を実現させる授業デザイン
◇「有意味学習」のポイント◇　既有知識と関連付ける
　子どもたちは1学期に双括型の2つの説明文（「思いやりのデザイン 」「アップとルーズで伝える 」） や 要約の仕方について学習している。また、和紙や伝統工芸品に関する知識も少なからずもっていることだろう。これまでの学習や子どもたちの生活体験などと関連付けながら学習をすすめ、自分に引きつけながら読めるようにする。
◇「オーセンティックな学習」のポイント◇　具体的文脈や状況を含んだ学びをデザインする
　実際の生活で説明文を読むのは、必要な知識や情報を得たい時である。文章を読む目的や意義が感じられるように教材文と出会わせたり、子どもたちに読みの疑問を解決するために読みを交流したりするなどしていく。また、読みを交流することの楽しさも実感できるようにしていく。
◇「明示的な指導」のポイント◇　読み方は振り返りで整理し、名前を付けて価値付ける
　子どもたちが読みを交流する中で、読み方に関する気付きが出てくるはずである。 その読み方に名前を付けて価値付けしたり、子どもたちが気付いた読み方を模造紙などに書い たりして道具化していく。

2 単元構想（全16時間）

単元名

地域の伝統工芸のよさ を伝えよう

単元計画

一次		二次			
①伝統工芸について知ろう	②「世界にほこる和紙」の大まかな内容をとらえよう	③〜⑥「世界にほこる和紙」を要約しよう【本時】			
地域の伝統工芸品や写真を見て、感想や知っていることを伝え合う。地域の伝統工芸品についてガイドブックを作ることを知らせ、学習の見通しをもつ。	「世界にほこる和紙」を読み、大まかな内容をとらえる。段落を確かめ、文章構成をとらえる。	「初め」の中心となる語や文について 話し合う。「初め」の中心となる文や語の見つけ方をまとめる。	「中」の中心となる語や文について話し合う。「中」の中心となる文や語の見つけ方をまとめる。	「終わり」の中心となる語や文について話し合う。「終わり」の中心となる文や語の見つけ方をまとめる。	「初め」「中」「終わり」のまとまりごとに中心となる語や文を考え、「世界にほこる和紙」全体を要約する。

単元の概要

　本単元は、中心となる語や文をとらえて要約する学習である。1学期に学習した要約の仕 方と関連させて指導していく。また、単元の後半では、地域の伝統工芸について本などで調べ、説明文の学習で身に付けた力を生かしてガイドブックにまとめる学習を行う。自分たちの住む都道府県の伝統工芸をガイドブックで紹介するという表現活動を設定すること で、説明文を読む目的を意識させ、必要感をもって情報を集めたり、説明の工夫に気付い たりできるようにしたい。

　社会科や総合的な学習の時間とも関連させて、「中」で述べる事例を吟味して文章を書くように促していく。オンラインや郵送などを利用して他県に住む同年代の子に発表するという活動にすると、読み手を考えて情報を取捨選択し、分かりやすい文章を書くことを意識させることができる。

目標

〈知識及び技能〉幅広く読書に親しみ、読書が、必要な知識や情報を得ることに役立つことに気付くことができる。

〈思考力、判断力、表現力等〉目的を意識して、中心となる語や文を見つけて要約することができる。

〈学びに向かう力・人間性等〉進んで中心となる語や文を見つけて要約しようとする。

評価基準

〈知識・技能〉幅広く読書に親しみ、読書が、必要な知識や情報を得ることに役立つことに気付いている。
（（3）オ）

〈思考・判断・表現〉「読むこと」において、目的を意識して、中心となる語や文を見つけて要約している。
（C（1）ウ）

〈主体的に学習に取り組む態度〉進んで中心となる語や文を見つけて要約しようとしている。

		三次		
	⑦⑧伝統工芸に関する本を要約しよう	⑨⑩地域の伝統工芸について調べよう	⑪〜⑮ガイドブックをつくろう	⑯ガイドブックを読み合おう
	要約する時のポイントを振り返る。自分が関心をもった地域の伝統工芸について、調べた事を要約する。	地域の伝統工芸のよさを伝えるガイドブックを作る学習の見通しをもつ。取り上げるものを決めて、本などで調べ、情報を整理する。	ガイドブックの内容やレイアウトを考え、下書きをする。ガイドブックを作る。	ガイドブックを友達や別の地域の小学生と読み合い、感想を伝え合う。単元の振り返りを書く。

授業改善のポイント

　普段の生活では、「知っていることもあるが、知らないこともある」という時に、知りたい情報が出てきて、説明文（説明書など）を読む、ということが多い。導入では、日本の伝統工芸に対する関心を高めてから教材文と出会わせたい。　そのために、地域の伝統工芸品を実際に見せたり、子どもの伝統工芸に関する既有知識を交流させたりする活動を行い、意欲付けを行う。

　また、「世界にほこる和紙」の学習では、筆者の伝えたいことや説明の工夫など、書き手の意図に着目させながら読み進め、要約することに重点を置く。「中心となる語や文を見つけましょう」ではなく、「中心となる語や文の見つけ方」を明示的に指導し、自力で要約ができるようにしていきたい。授業の終末では、読み方として学習用語を整理したり、その時間に分かったことや考えたことを振り返りに書かせたりするなどして、学びを自覚化できるようにしていく。

3　授業イメージ

1　本時の目標

・①段落の大切な言葉や文について話し合うことを通して、中心となる語や文の見つけ方に気付き、「初め」の段落を要約することができる。

2　授業改善のポイント

　要約をするためには、大きく2つ大切なことがある。1つ目は、要約する目的である。教師の「よくない例」を見せることで要約する必要感をもたせたい。2つ目は、中心となる語や文を見つけることである。ただ、「中心となる語や文を見つけましょう」だけでは、国語の得意な子だけがなんとなくで選べるだけなので、大事な語や文を選ぶポイントを明示的に指導していく。

○○○○○　筆者の考え
○○○○○　まとめ
○○○○○　「終わり」や「中」と関係
○○○○○　くり返し出てくる
○○○○○　題名と関係している
○○○○○　話題

〈「初め」の段落で
中心となる語や文を見つけるポイント〉

△△　話題の
　　具体的
　　説明

エ　日常生活では、機械で作られた洋紙とよばれる紙を使うことが多くなりましたが、日本には、このすばらしいぎじゅつによって作られた和紙もあるのです。

○すばらしい
　ぎじゅつ
　（＝伝統的）
　くり返し

3　授業の流れ

1　要約する目的を確認する

> この学習のゴールでは、みんなはどんなことをするんだったかな？

　この単元のゴールとして、地域の伝統工芸についてガイドブックを作ることをもう一度確認する。教師が作った要約していない和紙に関するガイドブック（悪い例）を子どもたちに提示する。子どもたちから、「字が多すぎて見たくならない」「何が大切なのかまとめた方がいい」という言葉を引き出したい。要約する目的や必然性について話し合い、学習がオーセンティックになるようにする。

2　①段落の中心となる語や文を見つける

> ①段落の4つの文で一番大事な文は？どうして？

　①段落を音読し、中心文だと思う文とその理由について話し合う。①段落には4つの文があるので、それらを1枚ずつのセンテンスカードにして掲示する。センテンスカードに記号を付けておくと話し合いが活性化しやすい。「題名と似ている」「くり返し同じことを説明している」「終わりでも同じようなことをいっている」「ここは具体的すぎる」など、子どもの発言から中心文を選ぶ観点も板書していく。

世界にほこる和紙

増田　勝彦

「初め」で大切な言葉や文はどれ？

和紙の写真

****
****
****
****
****
****
****
****
****

ア　二〇一四年十一月二十六日、和紙を作る日本の伝統的なぎじゅつが、ユネスコの無形文化遺産に登録されました。

イ　紙は、せんいというとても細い糸のようなものでできています。

ウ　植物から取り出したせんいを、人の手によって、ていねいにからませて作る日本のわざが、世界にみとめられたのです。

○伝統的な
　ぎじゅつ
○ユネスコの無形文化
　遺産に登録
話題　←
「終わり」
△紙の説明
　具体的
○世界に
　認められた
題名　←

要約
字が多すぎる
大事な所を
まとめたほうが
いい

---

3

②段落の中心となる語や文を見つける

②段落の３つの文で大事な文はどれかな？　今度は自分で見つけてみよう。

②段落を音読し、中心文だと思う文とその理由について話し合う。①段落の話し合いを参考に（モデリング）、まずは自力で考える時間を確保する。一人で考えることが大変そうな子には、個別に声をかけ、中心文→大事な言葉という順序で問い返しを行う。「筆者の考えが書かれている」「中の段落と関係している」「中のまとめになっている」など、子どもの発言から中心文を選ぶ観点を板書していく。

「初め」の段落を要約する

「初め」の段落で中心となる語や文を見つけるポイントは？「初め」を60字でまとめてごらん。

「初め」の段落の中心となる語や文を見つけるポイントをまとめる。次時以降は「中」や「終わり」の段落を要約していくので、その時にも使えるよう、ポイントを○と△で明示的に指導する。「初め」の段落を60字以内で要約することを本時のまとめとする。この教材では初めて要約をする ので、60字と少し余裕をもった字数にする。「もっと短く要約できるかな？」とすると子どもが意欲的に要約するようになる。

数え方を生みだそう（東京書籍）

東京都・町田市立鶴間小学校　三浦剛

私の授業改善プラン

1　内容と形式を結び付けながら読む

　従来から説明文指導で問題になっていたことの1つに、「何が書かれているか（内容）」と「どのように書かれているか（形式）」のどちらか一方に重きを置いた読解指導が行われていたという問題がある。この点について、大内善一（2013）は次のように述べている。

> これまでの国語科の授業では、「内容」（＝事例・内容主義）偏重の指導か、逆に「形式」（＝言語形式主義）偏重の指導かの両極に偏向する傾向があった。（中略）
> 　国語科が担っているのは言語の教育である。言語の教育であるから、言語表現の方面に目を向けてその内容がどのような言語表現によって書き表されているのかというところにしっかりとシフトしていかなければならない。（p.3）
> 　大内善一 他編（2013）『文章の内容・形式を一体的に読み取る 国語科授業の創造 小学校編』溪水社

　今次の学習指導要領の改訂に伴って示された「資質・能力の育成」という側面を考えれば、他に転移する「読みの力」を身に付けさせることは非常に重要である。そのためにも、筆者がどのような言語表現や言語技術を用いて、何について説明しているかを読み取る必要がある。つまり、内容と形式の両者を結び付けながら読む授業づくりを意識する必要がある。

2　「筆者」を意識しながら読む

　説明文は、具体と抽象、事実と意見、事例と主張の関係で成り立っており、書かれている文章の裏側には、必ず筆者が存在している。つまり、取り上げている話題であっても、説明の仕方であっても、その根底には、筆者の意図が働いているのである。説明文における学習指導では、そうした筆者の考えで成り立っている文章に、読み手として反応しながら読むように促すことが重要である。

　何が・どのように書かれているのか、正確な情報を取り出すだけの授業に終始するのではなく、書かれている文章を読み手としてどのように受け取ったのかを豊かに表現できるように学習の場を整えていくことが必要である。発達段階や系統性を考えると、筆者の書きぶりを評価する読みは、高学年で指導することが妥当であるが、書き手を意識した指導は、低学年のうちから積み重ねていきたい。

1　教材分析

1　育てたい資質・能力

　本教材を通して育てたい資質・能力は、「得られた知識や情報から自分の考えを広げる力」である。筆者の経験や考え方に触れることで、自分がもっている見識を豊かに広げることができる。本教材を学ぶことで、自分の知識や経験と結び付けながら、自らの考えを広げられる術を身に付けさせていきたい。

2　本教材の特性

① 身近な話題を取り上げている

　「数え方」は、子どもにとって非常に身近なものである。普段から何気なく使っていて、それに対する問題意識をもつことはほとんどない。そうした「数え方」に海外とのギャップがあったり、興味深い歴史があったりすることは、子どもにとって非常に新鮮なことだろう。こうした、一見すると非常に身近で無意識のうちに使っているものでありながらも、意外性に富んだ概念を取り上げているという点で、子どもにとって学習価値の高い教材である。また、一般的に、説明文が情報を得て、知識を身に付けていくという特性をもった文章であるとするならば、「未知」が「既知」に変わるものとして理解されるが、本教材は、意外性に富んだ内容であることを踏まえると、「既知」が「未知」へと変わるという特性をもっている。こうした読み手がゆさぶられる教材だからこそ、筆者の考えに反応しながら読むことを大切にしたい。

② 特徴的な文章構造

　本教材は、非常に特徴的な文章構造をもっている。まず、文章全体にかかる問題提示文がないという点である。「数え方」を話題として提示した後、読者に向けての明確な問いかけはなく、筆者の経験をもとに論が進んでいく。次に、筆者の経験が事例として挙げられているという点である。筆者の海外での経験そのものが事例となっているという点においては、随筆的な特徴が見られる。そして、尾括型の文章でありながらも、最終段落は読者への呼びかけで終わっているという点も大きな特徴の一つである。こうした特徴的な文章構造は、高学年で扱う論説型の説明文を学習する上で、入門教材として適している。

3　単元化のポイント

「主体的・対話的で深い学び」を実現させる授業デザイン

　「主体的・対話的で深い学び」を実現させる上で重要なのは、「学びの必然性」を引き出すことにある。教師が教えたいことを、子どもの学びたいことに転化するために欠かせないのが、学習課題（発問）である。考えることを楽しむ問いを投げかけられるかどうかで、目指す授業を実現できるか否かが決まる。ゆえに、学習課題（発問）に焦点を置いた授業設計を企図するべきである。

2 単元構想（全7時間）

単元名

筆者の考えをもとに、自分の考えを広げよう

単元計画

○数字は時数

一次		二次
①知識や経験と題名を結び付けながら考える	②本文を読み、筆者の考えを捉えて反応する	③前時の学習を踏まえて、自分の感じたことを表現する
(1) 人参、馬、寿司の絵カードをそれぞれ複数枚並べて、穴埋め問題に答える。例）にんじんは全部で〇〇あります。※馬、寿司も同様に行う。◀改善ポイント①▶ (2) 3つの問題の共通点と相違点を考え、意見を交流する。 (3) 「数え方を生みだそう」というタイトルと考えたことをつなげて、どのような内容が書かれているかを予想する。	(1) 教師の範読を聞く。 (2) 「なるほど。/知らなかった！/そうかな？」の3観点3段階のレーダーチャートを使って、自分が感じたことをまとめる。◀改善ポイント②▶ (3) 全体で意見を交流し、筆者の考えをどのように受け取ったのかを共有する。	(1) 「1番〇〇だと思ったところ」はどこかを考える。※〇〇には、前時で確認した3観点のうちのどれか1つを入れる。 (2) ペアで意見を交流した後、全体で意見交流をする。 (3) 「この説明文のおもしろさは……」という書き出しを与えて、説明文のおもしろさを表現する。	

単元の概要

　本単元は、既有知識と結び付けながら考えられるような授業展開になっている。初読に入る前の段階で、子どもの知識を引き出し、「数え方」に対する興味や関心をもたせる。自分がもっている知識や経験と題名を結び付けながら内容を予想することで、文章を読むための意欲付けを図る。そして、初読後にレーダーチャートを使って感じたことを分析する活動を行うことで、筆者の考えに反応しながら読むことの楽しさを味わうことができる。第3時・5時の一番を選ぶ学習活動は、無理なく楽しみながら考える場を保障することができる。第4時では、既習教材「ヤドカリとイソギンチャク」を使って文章構造を確認する際には、比較対象となる文章を用意することによって、本教材の特徴的な構造を読み解くことができる。「考えの形成」段階である三次では、AとBの二択で表現活動を選択できるようにすることで、読みのレベルや関心のもち方に合わせて自分の考えを表現できるようにしている。

目標

〈知識及び技能〉 文章全体の構成や筆者の考えを捉えながら音読することができる。

〈思考力、判断力、表現力等〉 経験や事例を基に、筆者の考えを捉えることができる。

〈学びに向かう力、人間性等〉 進んで読み、考え、自分の考えを表現しようとする。

評価規準

〈知識・技能〉 文章全体の構成や筆者の考えを意識しながら音読している。((1) ク)

〈思考・判断・表現〉 「読むこと」において、筆者の経験や事例を基に主張を捉えている。(C (1) イ)

〈主体的に学習に取り組む態度〉 学習課題に対する自分の考えをもち、他者と積極的に意見を交流しようとしている。

			三次
	④既習教材と比較しながら説明文の構造を考える	⑤事例と主張の関係について考える【本時】	⑥⑦読み取ったことや考えたことをもとに自分の考えを広げる
	(1)「ヤドカリとイソギンチャク」を比較し、より分かりやすいのはどちらかを考える。 (2)「ヤドカリとイソギンチャク」を比較し、文章の書き方(形式)にどのような違いがあるのかを確認する。 改善ポイント③ (3) 文章全体にかかる問題提示文がないことと、事例が筆者の経験から書かれていることを確認する。	(1) 筆者が一番伝えたかったことが書かれている段落はどれかを考える。 (2) 題名を「言葉のじゅうなんさにも目を向けよう」に変えた方がよいかを考える。 (3) 事例と主張の関係があることを確認し、説明文の特徴を共有する。	(1) 課題AとBから取り組みたいものを選ぶ。 A 筆者の考えについて自分が感じたことを感想文にまとめる。 B 新しい数え方を考え、解説文にまとめる。 (2) 書き上げた文章を交流し、おもしろかったポイントを共有する。

授業改善のポイント

改善ポイント① 初読前を工夫し、読みの意欲付けを図る

第1時では、初読前にゲーム感覚で取り組める活動を設定する。人参・馬・寿司のそれぞれを数える際に、どのような共通点・相違点があるのかを考えることで、既有知識と結び付けながら楽しく考え、読みの意欲を引き出せるようにしている。

改善ポイント② レーダーチャートを使って、率直な反応を表現する

第2時は、3観点3段階のレーダーチャートを使って筆者の考えに反応する活動を設定している。読んだ後、感じたことを率直に表現できる場を用意することで、筆者の考えに反応しながら読むことのおもしろさや重要性を味わえるようにする。

改善ポイント③ 既習教材を用いて構造を捉える

第4時では、既習教材「ヤドカリとイソギンチャク」を比較の対象としながら、特徴的文章構造を読み解く。既習教材と併せて考えることで、読みの技能の習得と活用を促す。

3　授業イメージ

1　本時（第5時）の目標

・筆者の考えを捉える活動を通して、話題と主張の違いを理解することができる。

2　授業改善のポイント

　筆者が一番伝えたかったことが書かれている段落がどれかを考えることで、筆者の主張を捉えようとする意欲を引き出す。多くの児童が挙げるであろう11段落に焦点を定め、筆者の考えの中心部分を押さえた上で、指導のねらいに迫るゆさぶり発問を投げかける。題名を「言葉のじゅうなんさにも目を向けよう」に書き換えることで、「筆者の伝えたいことと題名を一致させることができるのでは？」と問うことで、話題と主張の関係性を考えられるようにする。

◎「話題」と「主張」の関係を考えて読むことが大切。

・一番伝えたいことを題名にした方がよい。

変えた方がよい

□	□	□	□

・内容とずれてしまう。「話題」と「主張」の関係を考える。

変えない方がよい

□	□	□	□

3　授業の流れ

1　筆者が一番伝えたいと思う段落を選ぶ

> 筆者が1番伝えたかったことが書かれている段落はどれだろう？

　前時で確認した文章構造を確認した上で上記の発問を投げかける。段落を選ぶ際には、キーワードになる言葉がどれになるかを考えながら選ぶように呼びかける。

　全体交流に入る前に、ペアで交流し、同じ考えだったのか、違う考えだったのかを確認した上で、席を離れて自由に交流する。その後、全体で交流をする。

　ここでは、積極的に交流に取り組み、自分の考えを伝えようとしているかを見取る。

2　ゆさぶり発問を投げかける

> ……だとしたら、題名を「言葉のじゅうなんさにも目を向けよう」に変えた方がよいのでは？

　前段の活動では、11段落を選ぶ児童が多くなることが予想される。そしてその理由として、「言葉のじゅうなんさにも目を向けることが大切」という叙述に注目が集まることが予想される。そうした、本時の展開に結び付く発言を子どもから引き出しした上で、上記の発問を投げかける。

　肯定意見であっても否定意見であっても評価の観点として、考えの根拠が明確に示せるかどうかを見取るようにする。

数え方を生みだそう　飯田　朝子

筆者の主張をとらえよう。

① 筆者が一番伝えたかったことが書かれている段落は？

七段落　…日本語を正しく使うために正しい数え方を
身につけることは大切。
しかし から大事なことが書いてある。

八段落　…数え方は新しく生みだすことができるという
ことが書かれている。

十一段落…これまで受けつがれてきた言い方を正しく
使っていくことは大切。
一方で、新しいものを生みだせるという、
言葉のじゅうなんさにも目を向けることが大切。

自分の考え を読み手に伝えている。
　↑
「主張」

とすると…

② 題名を「言葉のじゅうなんさにも目を向けよう」に変えた
方がよい？

3　筆者の意図を考える

なぜ筆者は、「数え方を生みだそう」
を題名にしたのだろう？

　題名を変えてもよいかどうかを議論した
上で、上記の発問を投げかける。題名の意
味を考えさせる中で、話題と主張の関係を
つかめるようにする。題名を「数え方を生
みだそう」とした筆者の意図を探る中で、
必ずしも主張がそのまま題名になる訳では
ないが、主張と話題は密接に関係している
ことを確認したい。

　ここでは自分の考えをもち、進んで議論
に参加できているかを見取るようにする。

4　学習した内容を整理する

話題と主張の関係性をとらえる
ことも大切にしましょう

　説明文では、主張する内容を、読み手に
しっかりと伝えるために、話題を工夫して
いることを確認する。また、ここで得た読
みの観点をその後の学習でも活用していけ
るように、本時の学びを整理し、まとめら
れるようにしたい。

　ここでは、発言の様子や授業に取り組む
様子を見ながら、本時の学習内容をどれだ
け理解しているかを見取るようにする。

ぞうの重さを量る／花を見つける手がかり（教育出版）

東京都・世田谷区立玉川小学校　沼田拓弥

私の授業改善プラン

1　本教材の「前菜」として扱われるプレ教材

　近年の説明文教材は、1学期に扱う本教材の前にプレ教材が設定されるようになってきた。これは、本教材と同じような文章構造をもつ文章をシンプルな形で提示し、その文章構造を頭の中に入れておくことによって、本教材の読み取りの際に生かそうとする意図がある。このように、「プレ教材→本教材」という流れで学ぶことは、複雑難解で毛嫌いされがちな説明文教材をシンプルに捉えさせ、説明文嫌いの子どもたちへの負担が少しでも小さくなるように考えられている配慮というとらえもできる。しかし、この「プレ教材→本教材」というプレ教材の立ち位置は、まるで本教材の「前菜」として扱われているように感じられてならない。プレ教材を本教材への踏み台として扱うのではなく、「プレ教材⇔本教材」というお互いを行き来するような存在として本教材と同等に扱うことで、より深い説明文の学びを引き出すことができるのではないだろうか。

2　「プレ教材→本教材」の授業から「プレ教材⇔本教材」の授業へ

　学びのゴールを「プレ教材⇔本教材」の思考を促す授業へと向かわせるためには、もちろんそれぞれの教材のよさや特性を読み取ることができていなければならない。具体的には、「どちらの説明文の方が分かりやすいですか」というシンプルな問いを投げかけ、考えを述べさせることで深い学びを引き出したい。つまり、「文章を評価させる」ということである。この問いには、「あなたにとっての『分かりやすい』とは何か？」という隠れた問いも含まれている。既習内容を自分の頭の中の引き出しから持ち出し、総合的に判断しなければならないため、必然的に深い学びへと導かれるのである。このような学びを引き出すためには、第一次と第二次における「構造と内容の把握」「精査・解釈」の充実は不可欠である。最終的には、この2つの教材を比較する際の観点も子どもたちの言葉から引き出すため、学習内容を学習用語で押さえることが大切になる。例えば、4年生であれば「問いと答え」「事例の順序」「三段構成」「事例とまとめの関係」「中心文」「要点」「筆者の主張」などがある。このような既習の学習用語を意識的に活用できる段階にまで思考を引き上げたい。

　このように、思考のベースをつくるために扱われがちだったプレ教材を本教材と同等の立場として扱うことによって、これまでは気付くことのできなかったプレ教材の新たな価値に気付くことができるはずである。そして、この経験は、学年が上がった際に出合うこれからのセット教材の学びにもつながる文章の味わい方となる。

1　教材分析

1　育てたい資質・能力

　段落相互の関係に着目しながら、考えとそれを支える理由や事例との関係などについて、叙述を基に捉えること。（思・判・表　読む（1）ア）

　単元を通して「説明文の分かりやすさのこつ」を追究させる。どちらの説明文も実験や観察の「つながり」を大切にしており、筋道立てて考える力の育成をねらっている。この「つながり」を読み取る中で、筆者の書き方の工夫や読者の感じ方の違いを共有させながら、自分の言葉で考えを表現できる力の育成を目指したい。

2　本教材の特性

　まず、プレ教材の「ぞうの重さを量る」は、重さを量る道具がない昔の中国を舞台として、「ぞうの重さを量る方法」の手順が説明されている。8段落からなるシンプルな文章だが、「順序を表す接続語」や「読者への問いかけの文」といった初歩的な説明文の要素が含まれている文章である。

　一方、本教材の「花を見つける手がかり」は、3つの実験と観察を通して、「もんしろちょうは何を手がかりに花を見つけるのか」を明らかにする「実験・観察型」の説明文である。

　文章構造はいたってシンプルであるが、プレ教材では、「おわり」に当てはまる部分がなく、本教材との違いがあるため、この特性を学習活動にも生かしたい。

3　単元化のポイント

「主体的・対話的で深い学び」を実現させる授業デザイン

　「深い学び」へと子どもたちを誘うしかけとして、本単元では「プレ教材」の扱いに新たな価値を見出す。第一次で学習した時に見えてくる文章のよさだけでなく、本教材と比較することによって見えてくるよさへの気付きが「プレ教材」の学びの実感をより強固なものにする。

　また、単元全体を通して、対話的な学びの活性化のために、「自分の立場を明確にして議論すること」を心がけたい。「自分の立場は、AかBか」を明確にして話し合うことで、相手の立場の論理も学び、多面的・多角的な考え方を経験させたい。これらの手だてが子どもたちの主体的な学びの姿を引き出すだろう。

既習内容を明確にする

　今回の単元では「説明文の分かりやすさ」がキーワードである。子どもたちにとって「分かりやすい」とは、どのようなことなのかを言語化できる力を身に付けさせる。そのためにも、既習の学習内容を明確にし、学習用語を短冊に書いて教室に掲示する等の手だてを講じたい。第一次と第二次の充実した学習によって、2つの教材を比較する際の観点を明確にし、1度学習した教材の新たな価値に気付くことができる子どもたちを育てたい。

2 単元構想（全8時間）

「わかりやすい説明文」のこつを見つけよう

単元計画　　　　　　　　　　　　　　　　　　　　　　○数字は時数

一次「ぞうの重さを量る」		二次「花を見つける手がかり」	
①文章のつながりを発見し、文章を評価しよう	②文章構造から「終わり」の文章を考えよう	③文章のわかりやすさをレビューで評価しよう	④三つの実験のつながりについて詳しく読み取ろう
題名から文章の内容を予想する。バラバラの文章を並べ替え、文章のつながりを考える。文章の分かりやすさについて、5段階で評価する。	文章の構造を理解する。「終わり」の部分の文章を「このように」という言葉に続く形で考える。	教師の範読の後、文章の分かりやすさを5段階で評価する。話合いを通して、分かりやすさの観点を共有する。	「日高先生たちが三つの実験の中で1番、感動した実験はどれか」を話し合う。実験や観察の結果に対する感動を共有することで、それぞれの実験の価値に迫りたい。

単元の概要

　第一次では「ぞうの重さの量る」を用いて、基本的な文章構造や文章の論理（つながり）を学ばせる。第二次では、プレ教材の基本的な型を活用しながら「花を見つける手がかり」を用いて、学習を行う。様々な「精査・解釈」の授業を通して、説明文の読みを深める。そして、第二次の最終時間にはプレ教材と本教材の比較を通した「分かりやすい説明文」のこつを探る授業を設定する。比較するからこそ見えてくる部分を大切にしながら議論を深めたい。第三次では、それまでの学びを生かした学習レポートの記述で思考のアウトプットを行う。

　第一次での学びを第二次に生かすことはもちろんだが、二つの教材を対等に扱うことで教材の特性を十分に引き出しながら授業を展開することが可能になる。また、二つを比較することで、それぞれの教材の特性に合わせた「学習用語」を確認し、一方の特性がもう一方ではどのように扱われているのか明らかにすることも大切にしたい。一方の教材を見ているだけでは気付くことの難しいことも、比較するからこそ見えてくるおもしろさを子どもたちにも実感させたい。

目標

〈知識及び技能〉考えとそれを支える理由や事例、全体と中心など情報と情報との関係について理解することができる。

〈思考力、判断力、表現力等〉段落相互の関係に着目しながら、考えとそれを支える理由や事例との関係などについて、叙述を基に捉えることができる。

〈学びに向かう力、人間性等〉粘り強く、考えとそれを支える理由や事例との関係などについて叙述を基に捉え、学習の見通しをもって、結果と結論のつながりを捉えようとする。

評価規準

〈知識・技能〉考えとそれを支える理由や事例、全体と中心など情報と情報との関係について理解している。((2) ア)

〈思考・判断・表現〉「読むこと」において、段落相互の関係に着目しながら、考えとそれを支える理由や事例との関係などについて、叙述を基に捉えている。(C (1) ア)

〈主体的に学習に取り組む態度〉粘り強く、考えとそれを支える理由や事例との関係などについて叙述を基に捉え、学習の見通しをもって、結果と結論のつながりを捉えようとしている。

			三次	
	⑤実験の価値について考えよう	⑥プレ教材と本教材のわかりやすさを比べよう【本時】	⑦学習のポイントを学習レポートにまとめよう	⑧お互いの学習レポートを読み合って、コメントしよう
	実験について「色紙の実験だけよいのでは？」と問い、話し合う。また、「本物の花と色紙を一緒に置いたらどうなるか」についても考えさせる。	プレ教材と本教材を比べて「どちらの説明文の方が分かりやすいか」について話し合う。それぞれの文章のよさや価値について再発見できる時間にする。**改善ポイント①**	単元を通して学んだことを「分かりやすい説明文とは？」というテーマに沿って、学習レポートにまとめる。学んだ学習用語を活用できる場にしたい。**改善ポイント②**	お互いの学習レポートを読み合って、コメントをする。どのような観点で説明文の分かりやすさを評価しているのかに注目させて、自分の考えとの違いに気付かせたい。

授業改善のポイント

改善ポイント①

　第二次の最後にこれまでの学習を生かして、2つの教材を比較させる。比較させる観点も子どもたちの言葉を引き出しながら、板書をうまく活用し整理したい。

　プレ教材を本教材の前菜として扱わない意識が大切である。第二次のまとめとしての位置付けでもあるので、これまでの「精査・解釈」の学びを統合して、総合的な学びを期待したい。

改善ポイント②

　既習内容の言葉の力（学習用語）を振り返させながら、認知させる場を設定する。「分かりやすい説明文」という大きなくくりのテーマ設定だが、それぞれが重視する読みの観点を表出させたい。

　レポートを書く際には、単なる学習用語の解説で終わるのではなく、その内容を理解することでどのようなメリットがあるのかに触れながら文章を書くことを意識させると内容も充実する。

3 授業イメージ

1 本時（第6時）の目標

・2つの教材を比較することを通して、それぞれの文章のよさに対する気付きを深めることができる。

2 授業改善のポイント

プレ教材と本教材の比較を通して、プレ教材の価値を改めて見直すことができる。また、既習内容を学習用語として子どもたちに認知させることで、2つの文章を比較させる際の観点も引き出したい。

（板書例）

「わかりやすい説明文のこつ」を整理できた。
一方のよさを知り、もう一方についても考えることで気付けていなかったことにもたくさん気付くことができた。

文章の長さ	筆者の主張	読者の立場
文章が短いので読みやすい。	何を伝えたいのかがはっきりとしていない。	「反論」については書かれていない。
苦手な人に取ってはちょっと長い文章である…。	最後に筆者が伝えたいことがしっかりと書かれていたところ。	読者の立場になって文を考えてくれている。（⑭段落）

---

3 授業の流れ

1 これまでの学習内容を振り返る

> ここまで学習した「分かりやすい説明文のこつ」にはどんなものがありましたか？

単元を通して学習してきた「分かりやすい説明文のこつ」には、どのようなものがあったか「学習用語」を確認しながら簡単に振り返りを行う。ここまでの学習では「問いと答え」「三段構成」「順序を表す接続語」「事例とまとめの関係」「つながり（論理）」「予想と結果の関係」「筆者の主張」等の内容を扱っている。

2 学習課題を提示し、話し合う

> プレ教材と本教材は、どちらの説明文の方が分かりやすかったですか？

振り返りの内容を踏まえた上で、学習課題を提示し、自分の考えをノートに記述させる。自分がどちらの説明文を選択したのか、また、どのような観点からその説明文が分かりやすいと感じているのかの理由をしっかりと書かせたい。

学級での話し合いでは、お互いの考えを発表させた上で、板書にその理由と観点をまとめながら整理し、それぞれの教材の特性を比較できるようにしたい。

ぞうの重さを量る／花を見つける手がかり　吉原　順平

これまでの学習をふり返って…
「問いと答え」「三段構成」「順序を表す接続語」
「事例とまとめの関係」「つながり」（論理）
「予想と結果の関係」「筆者の主張」

プレ教材と本教材はどちらの方が
わかりやすかったですか？

ぞうの重さを量る　13人	花を見つける手がかり　21人	
「まず」「次に」「最後に」という言葉があって順序がわかりやすい。	つながりを表す言葉が使われている　例「まず」「でも」「そこで」「次の」「いよいよ」	順序を表す接続語
「はじめ」の部分を読んでどうすれば量ることができるのか気になった。	自分の思っていた結果と違っていておどろいた。はじめに三つの手がかりが書いてあってよかった。	話題提示
読者へのなげかけの「質問」は書かれているけれど…	問いの文が最初に書かれていたのでその先の内容がとても気になった。	問いの文
絵と一緒に方法が説明されている。もっと他の方法がありそう…	三つの実験が次々につながっていく部分がおもしろかった。	つながり

3　それぞれの説明文のよさを共有する

> 二つの文章を比べることでどんなよさに気付けましたか？

　話合いを整理する中で見えてきたそれぞれの説明文のよさ（特性）について、板書を用いながら整理する。特に、比べるまでは見えていなかった部分については、「文章を比べながら読むことのよさ」にも触れながら、強調して確認を行う。

　「分かりやすい説明文のこつ」を上手に使うことは、読者にどのような影響を与えることができるのかを共有することで「筆者と読者」の両面から説明文の価値に迫れる見方を実感させたい。

4　学習の振り返りを行う

> 今日の授業の振り返りをノートにまとめましょう。

　最後に、今日の授業を振り返って学びになったことを各自、ノートに記述させる。基本的には、自由に記述させたいが、書く内容に悩む子どもたちがいた場合には、「2つの文章を比べたことで見つけた新しい発見」「話し合うことで気付いた内容」「これからの説明文の読みに生かしていきたいと思ったこと」等の視点を与えることで書きやすくさせる手立てを講じてもよい。

　学びの実感を自分の言葉で表現させることが大切である。

動物たちが教えてくれる海の中のくらし（東京書籍）

小学校教員　藤田伸一

私の授業改善プラン

　本教材は、新教材である。5年の最初の説明文教材だ。楽しく読んでいきたい。しかし、それは内容のおもしろさだけではない。言葉や表現から筆者の意図や説明の工夫が見えてくる楽しさをも含むものである。内容と形式の読みを融合させつつ、楽しさも失うことなく学んでいけるような読みの授業を目指していきたい。

　そのためには、「言葉による見方・考え方」を働かせる授業を構築していかなければならない。言葉や表現の何に目を向けるのかという観点を明らかにすること。観点によって集められた言葉・表現からどう考えればよいかを明確にすること。このような「言葉による見方・考え方」を働かせることによって、内容と形式が融合された授業に変革できる。

　説明文を学習するに当たって、どのような言葉に目を向ければよいのだろうか。それを解く鍵は筆者にある。筆者は、ある「こと」や「もの」を読み手に伝えるために様々な工夫をしながら書き進める。その工夫に目をつければよい。大きく3つのことを筆者は、念頭に置いている。第一に、「興味深くなるように書く」工夫である。知的好奇心がくすぐられなければ読み手はすぐに離れていくだろう。おもしろいから、ためになりそうだと思うから読むのである。第二に、「分かりやすく書く」工夫である。どんなに興味深い題材であったとしても難解で何を言っているのかよく分からない文章では意味がない。とくに、説明文の場合は、専門的な分野の内容を小学生にも分かるように書かなければならない。第三に、「納得するように書く」工夫である。読み手が「なるほど、そういうことなのか」と納得できるような論の組み立てを意識して書いているのである。そのために、根拠を明確にしつつ論理的に事例をつなげ、自らの主張を強調していく。これらの工夫に目を向け、筆者の説明の仕方の工夫に迫ることが求められている。

　次に、考え方であるが、これらの工夫している点を見つけた後、批判的に検討していく姿が考え方を働かせている姿だと私は捉えている。「この言葉があるから引きつけられるのか」「この対比で分かりやすくなっているんだな」「筆者の実体験が入っているから説得力が増している」などと言葉・表現と対峙しながら考えていく授業をつくり出そうと日々試行錯誤している。1時間の授業の中では、主体的な学びとなるように子どもの思考のずれを生み出すことによって課題意識を醸成させることが最も重要である。展開部では、課題に対する考えをペアや全体で話し合う対話的な学びを大事にしていく。このときなぜそう考えるのか根拠を示しながら理由付けさせる。必ず話し合っていくうちにずれが生じる。それをめぐってさらに根拠を見つけたり、自分の知識や経験と結び付けて類推思考を働かせることによって深い学びへと誘っていくのである。深い学びに引き上げるには、どうしても適切で妥当な教師の刺激が必要になる。

1 教材分析

1 育てたい資質・能力

○筆者の要旨を捉える力
○筆者の説明の仕方を吟味し、工夫を見抜く力

　情報化社会に生きる子どもたちが、膨大な情報の中から筆者が伝えたいことの中心を素早く適切にピックアップできる力が求められている。まずは筆者の言いたいことを受け止める。その上で、筆者の考えに納得できるか、できないかを批判的に検討する。この力が、情報に惑わされずに生き抜いていくことにつながってくるのである。

　次に、「言葉による見方・考え方」を働かせながら言葉・表現の意味や働き、使い方などに着目していく。筆者が、読み手に興味深く・分かりやすく・納得してもらえるように、どのような言葉を選び、どんな表し方をしているのかをつかむ。この力は、自分が、表現する立場になったときに生かされる。特に、5年生の最初の単元でもあるので、構造や段落と段落との関係の工夫にも目を向け、よさを見抜けるようにしていきたい。

2 本教材の特性

　序論で、問いが設定される。本論では、この問いを明らかにするために、「バイオロギング」という手法を使って様々な海の生き物たちのデータを比較しながら示していく。体の大きさと泳ぐ速さとの関係を細かい数値や表や絵を駆使して説明される。そして、結論で全体のまとめと筆者の考えが述べられる。文末表現に筆者の科学的なものの見方・考え方や科学者としての息づかいが感じられる。分からない言葉は丁寧に定義する配慮も窺える。さらに、すぐに結論付けるのではなく、豊富にデータを集め、その中から適切・妥当な考えを導き出していく姿勢も段落相互の関係に着目することで伝わってくる。

3 単元化のポイント

主体的・対話的で深い学びを実現する授業デザイン

　説明文の読みにおいて主体的な学びを生み出すためには、「解き明かしたい」という強い課題意識をもたせることが重要である。背中に「データロガー」をつけている写真を提示する。その写真と題をつなげることで、「動物たちがどのように何を教えてくれるのか」という問いが生まれる。それに向かって読みつつ、「なぜ、すぐに捉えられたのか」という説明の工夫に着目できるような本質的な問いに迫らせる。「豊富なデータを示しているだけで伝わるのか」という思考のずれから対話が生まれる。もう1度テキストの細部に目が向く刺激を教師が与え、考えを変革・更新していけるような深い学びをつくり出していく。

2 単元構想（全7時間）

単元名

筆者の要旨をとらえよう

単元計画

○数字は時数

一次	二次	
①写真や題名から問いを生み出そう	②動物たちが「海の中のくらし」の何を、どのように教えてくれるのか明らかにしよう	
データロガーをつけたペンギンの写真と題を結び付けて気付いたことを発表する。題名から筆者は何を教えてくれようとしているかを予想する。「動物たちが、海でどのようなくらしをしているか」「動物たちが、どのようにわたしたち人間に教えてくれるのか」、これらの問いに対する予想をし、全文を音読して確かめる。	全文を音読し、問いに対する答えをノートにメモする。メモができた子同士（ペア）で、問いに適切なメモができているか検討する。ペアで出されたずれを中心に全体で話し合う。「海の中の動物たちは、深く潜れると同時にゆっくり泳いでいる」「データロガーの記録によって学ぶことができる」などの子どもの発言の中から「教えてくれる」とはどういうことなのかという課題に焦点化し深い学びへと誘う。	

単元の概要

　本単元の主たるねらいは、筆者の要旨をとらえることである。このねらいに迫るために、第一次では、ペンギンの背中にデータロガーがついている写真を提示する。何の役割をもっているのだろうという疑問を抱かせつつ、題名と結び付けさせる。そのことによって、

　「動物たちがくらしの何をどのように教えてくれるのか」という課題意識をもたせることができる。これが、この説明文を読む原動力であり、主体的な学びを生む契機となる。

　第二次では、この課題を解決するために、事柄の中心となる情報をノートにメモしていく。二つ目の「どのように教えてくれるのか」という答えには、ずれが生じる。はっきりと書かれていないからである。だからこそ対話的な学びの必然性が生まれる。最後の⑩段落が生きてくる。後半は、「どうしてすぐに解決できたのか」という課題提示をすることによって、筆者の述べ方の工夫に自力で迫っていくようにする。

　三次で、筆者の要旨をまとめ、それに対する自分の考えを批判的にノートに書かせる。

目標

〈知識及び技能〉文と文との接続の関係、文章の構成や展開とその特徴について理解することができる。

〈思考力、判断力、表現力等〉事実と感想、意見などとの関係を叙述を基に押さえ、文章全体の構成を捉えて要旨を把握することができる。

〈学びに向かう力、人間性等〉積極的に文末表現、文章の構成や展開とその特徴に気づこうとし、課題に沿って筆者の要旨を把握しようとする。

評価規準

〈知識・技能〉筆者の意図と文末表現との関係や尾括型の文章の特徴に気付いている。（(1) カ）

〈思考・判断・表現〉「読むこと」において、文章全体の構成や文末表現などの特徴を捉えることによって、要旨を把握している。（C（1）ア）

〈主体的に学習に取り組む態度〉積極的に文末表現、文章の構成や展開とその特徴に気づこうとし、課題に沿って筆者の要旨を把握しようとしている。

		三次
	③〜⑤なぜ、すぐに課題が分かったのか、筆者の説明の工夫を解き明かそう	⑥⑦筆者と対話しよう【本時】
	「最初の問いの答えが、いとも簡単に見出すことができたのはどうしてか？」について考える。問いと答えの関係や三部構成に目を向けるようにしていく。結論部に、全体のまとめと筆者の主張が書いてあるからすぐに答えを見つけることができた。という構成上の気付きの後に、「他にも筆者の説明の工夫はないかな」と投げかける。この課題を解決するために、「興味づけの工夫」「分かりやすくする工夫」「納得してもらう工夫」の３つの観点を教える。自力読みをしながら筆者の説明の工夫を見つけ、言葉・表現の効果に迫るようにする。	「⑨段落で動物たちの海の中のくらしがまとめられているから、最後の⑩段落はいらないよね」と投げかける。自分の考えを出し合うことによって、筆者の主張が書かれていることをつかむ。その上で要旨をまとめていく。要旨のまとめ方も押さえるようにする。要旨が書けたら、書けた子同士読み合い、大事な情報が落とされていないか、事柄と筆者の考えの中心が入っているかを検討する。最後に要旨に対する自分の考えを書く。

授業改善のポイント

主体的な学びを生み出すためには、教師から提示された写真から対象に興味・関心を抱かせ、タイミングを見計らって題と関連させる。そのことによって、なぜだろう、解き明かしたいという思いが生まれる。さらに、解決していく過程の中で、子どもたちがつかんだ情報を使って、新たな課題を生み出す。「いったい教えてくれるというのは、どういうことだろう」と。この本質的な問いは、子どもの読みを思考の高まりに合わせて取り上げていくことによって生み出せるものである。

今回の授業の一番難しいところは、事柄（内容）を読みつつ筆者の述べ方の工夫に目を向けさせていくところである。思考の流れが、途切れないようにしていかなければならない。そこで、「どうしてすぐに問いを解決することができたのだろう」という発問を投げかけることにした。この新たな課題によって、子どもたちの目は、構成や言葉・表現の働きなどの効果に注がれていくことになるのである。

3 授業イメージ

1 本時（第6時）の目標

・筆者の要旨を捉えることができる。

2 授業改善のポイント

　筆者の要旨を知りたい、つかみたいという思いにさせることが、主体的な学びにとって最も重要なことである。そのためにもう一度題に立ち返り、動物たちのくらしは、⑨段落までで十分に分かることを確認させる。その上で「最後の⑩段落は、いらないのではないか」と投げかける。この課題を考えることが、筆者の要旨を浮かび上がらせることにつながる。筆者が最も伝えたい事柄と主張の中心を整理することが、要旨をまとめることになる。

> さらっと一回だけ読んだ四年生に要旨をまとめて伝えるには？
>
> 事柄の中心と筆者の主張の中心をつなげる
>
> 事実 ＝ と ＝ 意見 の文末に気をつける

3 授業の流れ

1 題と前時までの学習を振り返る

> 動物たちのくらしぶりがよく分かったのは、⑨段落のおかげ？

　もう一度題に目を向けてみる。どのようなくらしをしているかが、簡単に分かった理由を前時までの学習とつなげて発表する。「⑨段落を読めばすぐに分かる」と、⑨段落が全体のまとめになっていることは、前時につかんでいる。ここでもう一度意識付けさせたのは、⑨段落と⑩段落を比較させるための布石である。「⑨段落があれば、どんなくらしをしているかが全て分かってしまうんだから、⑩段落はいらないよね？」とタイミングよく子どもたちに投げかける。

2 自分の考えをつくる

> 筆者は、どうして⑩段落を書いたのか？

　⑩段落がいる・いらないを考えるのではなく、筆者がなぜ書いたのかという事実をもとに話し合えば、文章中の言葉・表現に自然と着目するようになる。

　「筆者は、ただ単に動物たちの一部のくらしを伝えようとしたのではない」「このことを通して、さらに動物たちから学んでいきたいという思いも伝えようとしたのではないか」ここで、筆者が最も伝えたいことの中心は、事柄と主張があることを押さえ、それを「要旨」という用語と併せて教えるようにする。

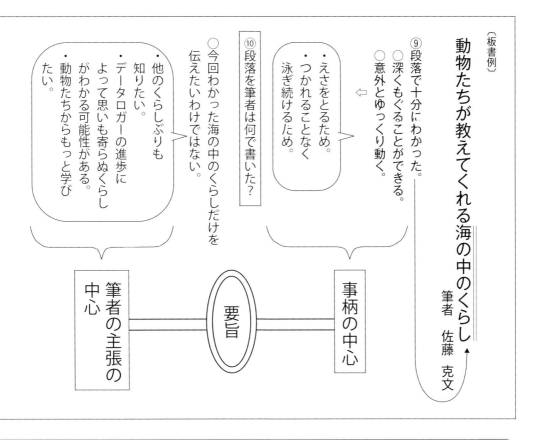

〔板書例〕

動物たちが教えてくれる海の中のくらし

筆者　佐藤　克文

⑨段落で十分にわかった。
○深くもぐることができる。
○意外とゆっくり動く。

・えさをとるため。
・つかれることなく泳ぎ続けるため。

⑩段落を筆者は何で書いた？

○今回わかった海の中のくらしだけを伝えたいわけではない。

・他のくらしぶりも知りたい。
・データロガーの進歩によって思いも寄らぬくらしがわかる可能性がある。
・動物たちからもっと学びたい。

事柄の中心

要旨

筆者の主張の中心

---

3 筆者の要旨をまとめる

筆者の要旨をどのようにまとめたらよいかな？

　「筆者の要旨を、この説明文をさらっと一度だけ読んだ４年生に伝えるには、どのようにまとめたらよいだろう」という状況設定のもとに考え合う。要旨には、事柄と筆者の主張の中心が入ることは導入で押さえられている。次は、どこに書いてあるかを見つけていく。子どもは、すぐに結論部に書いてあることに気付くだろう。⑨段落が事柄の中心。⑩段落が筆者の主張の中心。これらをつなげて整理していけばよい。

4 筆者の要旨を吟味し合う

要旨が適切にまとめられたかな？

　要旨が書けたら書けた子同士で読み合う。ただ読み合っても批正にはつながらない。要旨の適切さや妥当さにつながる読みの観点が必要である。「これから何に気を付けて読んでいけば適切な要旨になっていると判断できるかな？」と問い、観点を出させる。「どのようなくらしを海の動物たちはしているのかが入っているか」「このくらしぶりを伝えることを通してどのような思いを発信しようとしているかが書いてあるか」この観点を巡ってよりよい要旨へと近付けていく。

わたしたちとメディア（学校図書）

大阪府・大阪市立本田小学校　流田賢一

私の授業改善プラン

1　ゴールイメージをもつ

　国語の学習では、「毎時間何をしているのか」、そして「学習の終わりにどんな力が付いたのか」が曖昧なまま展開されることが多い。それは、指導者は指導事項を明確にもっていたとしても、子どもと共有できていないからである。このことは、ゴールイメージを子どもと共有することを単元のはじめに設定することにより改善できる。児童と共有するイメージは、具体的である方がよい。「どんな力を付けたらいいのか」「今後、どんな学びをしていくのか」を子どもがイメージできると次時からの学びが、目的をもったものとなる。

　この身に付けた力を確認する作品のことを【パフォーマンス課題】と呼ぶ。学んだことを活用する【パフォーマンス課題】を単元の最初に示すことでゴールが明確になるため、授業は大きく変わる。

2　目的をもった読み

　ゴールが明確になることにより、文章の最初から順番に読み解いていくことをしなくてもよくなる。それは、文章を読む目的があるからである。単元のはじめにゴールイメージをもつことにより、「何のために文章を読み」「何を明らかにしたいのか」が児童それぞれに生まれるようにしていく。そうすることにより、【主体的な学び】となる。

3　選択肢を提示する

　複数の選択肢を示し、子どもに選択させる発問をする。選択するためには、文章の一部ではなく、全体を読まないといけない。全体を俯瞰する必然をつくり、学びへと誘う。

　そして、複数から選択することにより考えが分かれる。ここで、【対話的な学び】となる。「どうしてそう考えたのか」と知りたくなるのである。選択するためには、理由がある。その理由を整理していくときに、言葉に着目し整理することにより、【深い学び】となる。

4　複数の教材を活用

　1つの教材を読むだけでなく、複数の教材を読むことにより学ぶ内容が焦点化し、確実に力がつく。複数教材には、構成・指導事項・テーマの相違などのパターンがある。

　今回は、同じテーマで違う視点から述べている文章を読むことにより、多面的・多角的に考えることができる。そして、違う文章を読み自分の考えを述べる力は、学力調査の結果からも課題とされている内容であるため、意識して指導したい。

1　教材分析

1　育てたい資質・能力

　ここで育てたいのは、教材（筆者）、話し合い（友だち、指導者）、自分の考え（自分）の相互の関わりにより、様々な見方があることを知り、単元の最後には自分の考えを再考してまとめ直すことができることを目指している。教材に書かれているメディアのプラス面とマイナス面に加え、自分と友だちとの経験の違いにより意見の差を受け入れることにより、考えを広げることができると考えている。

2　本教材の特性

　本教材の特性は以下の通りである。

---

① 身近なメディアの題材であり、自分と関わりをもって考えやすい。

② 25段落で書かれている尾括型の説明文である。

③ 本論の具体例は3つ（テレビ、新聞、インターネット）ある。
16段落はつなぎの段落となっており、マスメディア（テレビ、新聞）とマスメディアではない（インターネット）が対比的に示されている。

④ 本論には『プラス面とマイナス面』『正確な情報とあやまった情報』『情報の受信と送信』『これまでにあるメディアと新しいメディア（マスメディアとインターネット）』などの対比がある。

⑤ インターネットのメールやウェブページの落とし穴について書かれた後続教材を読み、多面的・多角的に考えられる。

3　単元化のポイント

「主体的・対話的で深い学び」を実現させる授業デザイン

　身に付ける力を明らかにすることにより、読む目的を持ち【主体的】、選択する発問により違いが生まれ話し合いたくなる授業づくり【対話的】をすることが授業デザインで大切なポイントである。【主体的】【対話的】は、指導者から押し付けてできるものではない。内発的な学びの気持ちを生むことにより、【深い学び】に誘うことができる。【深い学び】には、言葉の見方・考え方が欠かせない。言葉にこだわり、発言できるようにしたい。

「教材との出会い」を仕組む

　必然性をもたせて教材を出会わせたい。本教材であれば、メディアについての経験を想起させる導入により問題意識をもつことができる。教材に没入し考えるためには、児童をゆさぶる発問が効果的である。教材を介して、自分、友だち、指導者が交流できるように出会いを仕組んでいきたい。

2 単元構想（全5時間）

単元名

メディアに対する自分の意見をもち、文章に表そう

単元計画

○数字は時数

一次	二次
①筆者の主張に対して、自分の考えをもとう	②上手な使い手になることが1番難しいメディアを考える【本時】
説明文全体を読み、文章構成を考える。筆者の主張が書かれている段落を話し合う。筆者の主張「メディアの上手な使い手になる」ために気を付けたいこと、自分にできることを考える。単元末には、文章中の言葉を使ってまとめることを伝える。 ◆改善ポイント①　ゴールを児童と共有する	3つのメディアから、1番難しいものを選択する。多くの児童が、インターネットを選択するであろう。その際、選んだ根拠を聞くことにより、受信者や発信者の立場としての注意することを整理することができる。他の2つについても出てきたら、同じように整理していく。 ◆改善ポイント②　選択肢を提示する

単元の概要

　本教材は、テレビ、新聞、インターネットの3つのメディアについて書かれており、「上手な使い手になる」ための筆者からの例が書かれている。単元の最後には、読み取ったことをもとに筆者の主張に対する自分の考えを書くことをパフォーマンス課題とする。この課題は、単元の最初と最後に伝えることにより、目的をもった読みとすることができる。

　本単元では、対比する表現により事例が説明されている。『プラス面とマイナス面』『情報の受信と送信』『これまでにあるメディアと新しいメディア』などである。これらを、授業の中で、板書に整理して、内容を読み取らせたい。複数の対比がある場合には、表にして整理することにより、比較しやすくなるため情報の整理で指導したい内容である。

　複数の教材を活用することにより、メディアとの付き合い方について、自分の経験を踏まえて記述できるように指導していきたい。

目標

〈知識及び技能〉話や文章の構成や展開について理解することができる。

〈思考力、判断力、表現力等〉文章を読んでまとめた意見や感想を共有し、自分の考えを広げることができる。

〈学びに向かう力、人間性等〉進んで筆者の意見と事実との関係をもとに説得力について考え、学習課題に沿って自分の考えを広げようとする。

評価規準

〈知識・技能〉文章構成を整理し、筆者の論の進め方を理解している。（(1) カ）

〈思考・判断・表現〉「読むこと」において、文章の根拠を基にして、自分の考えを広げている。（ C (1) カ）

〈主体的に学習に取り組む態度〉メディアとの関わりについて考え、複数の説明文を読むことで自分の考えを広げようとしている。

			三次
	③事例の内容を整理する	④別の視点から書かれた文章を読もう	⑤メディアに対する自分の意見を文章にまとめよう
	3つのメディアを整理する時に、項目に分けて表を作成する。情報を比較して整理するには、表にするとよい。 メディアの特長、情報の受信、情報の発信の項目で表を作成する。	インターネットに特化した文章を読むことにより、自分の意見をより確かなものとすることができる。プラス面だけでなく、マイナス面に目を向けることにより、メディアを多面的、多角的に考えることができることを目指している。 **改善ポイント③** 複数の教材を活用する	筆者の主張「メディアの上手な使い手になる」ために気を付けたいこと、自分にできることを中心教材と後続教材の内容に触れ、自分の経験を交えながらまとめる。

授業改善のポイント

　学習の評価を子どもと共有し、単元の最初と最後に学習する場を設定する。評価に関わる成果物は、文章を読み取らないと表現することができないので、文章を読む目的ができる。何のために文章を読むのかを子どもと共有することにより、目的をもった学びとなる。

　読み取りでは、文章を最初から順番に読んでいくのではなく、「一番難しいメディアを考えよう」という発問により、全体を読み直し考えることができる。一番を考えることにより、「どうして一番なのかという理由」「他のメディアとの違い」を話し合うことができる。

　また、今回は複数の教材を読み多面的、多角的な考えをもつ単元構成となっている。

改善ポイント① ゴールを児童と共有する

改善ポイント② 選択肢を提示する

改善ポイント③ 複数の教材を活用する

3 授業イメージ

1 本時（第2時）の目標

・筆者が一番伝えたいメディアの事例は、どれかを考えることができる。

2 授業改善のポイント

選択肢を提示する

本論には、3つの事例が示されている。ここから、一番を考えるために選択をする。選択する行為により、

・考えが分かれる

・選択した根拠を確認できる

という効果がある。

選択することにより、学習が展開されていく。

新聞
受信

まちがうこともある

上手な使い手になるためには、

メディア・リテラシー

情報の
受信
発信

情報を発信する機会
が増える

---

3 授業の流れ

1 本論の事例の数を確認する

> 本論には、何種類のメディアが説明されていますか。

本論の事例の数は、前時で扱っているため、全員が答えることができるはずである。そこで、「全員で声を合わせて数字を言う」「指で数字を出す」など、全員が表現できるようにすることで、学習への参加度が上がる。

メディアの種類の数え方は、2通りある。個別に考えると3種類。「これまでにあるメディア」と「新しいメディア」と考えたら、2種類である。このように、複数の見方ができる問いとする。

2 1番を選ぶ

> 上手な使い手になることが一番難しいメディアはどれだろう。

選択することにより、文章を読み返す時間となる。どれかを選択したら、ノートや教科書にメモをして、根拠となる部分にサイドラインを引くように指示する。ここでは、根拠となる部分がどこかが大切であるため、サイドラインを引けているのかを机間巡視をする。

この時、説明文を1枚の用紙に打ち直したものを配付しておくと全文を見渡して考えやすい。

わたしたちとメディア　　池上　彰

メディアは何種類？

◆3種類
　　テレビ
　　新聞　　　インターネット

上手な使い手になることが難しいのは？

◆2種類

これまでにあるメディア

マスメディア

テレビ
受信

制作者側の意図
　・言い方
　・画像や映像
　・切り取り方
　　↓
　　ちがう

編集される前の情報
への接し方
プライバシーの問題

新しいメディア

インターネット

①正確さ
　受信
　複数の情報を集める

　発信
　受け止め方
　えいきょう

②考え方のかたより
　受信
　他のメディアも利用

<table>
<tr><td>3</td><td>根拠を交流する</td></tr>
</table>

> どうしてそう考えたのかな。

　ここでは、「インターネット」を選択する児童が多いと予想される。児童の身近にあるメディアは、インターネット（SNSなど）により、経験から発言する児童もいるだろう。だが、ここで重要なのが、根拠である。経験だけの話題に終始せず、叙述を抜き出し説明できるように助言する。

　この時、情報の「受信」と「発信」を分けて板書することにより、次時の学びにつなげることができる。

<table>
<tr><td>4</td><td>次時に向けて</td></tr>
</table>

> テレビや新聞の上手な使い手になれているかな。

　「テレビ」や「新聞」について発言がなかった場合、上手な使い手とは何かを考えられるきっかけとして最後に発問をして終わる。筆者の主張から、事例を見直すことで、より本論の内容が理解できることを次時でも味わわせたい。

　今回学習したことをいかした学習となるため、学んだことをつなげられる声かけで授業を終わる。

固有種が教えてくれること（光村図書）

山梨大学教育学部附属小学校　髙橋達哉

私の授業改善プラン

1 「指導内容」を明確化する

　国語授業において、指導内容を明確に設定することが重要であることは、阿部昇（2004）をはじめ、様々な論者によって、これまでにも繰り返し指摘されてきていることである。「指導内容」というのは、1単位時間の授業や単元全体を通して、「何を教えるか」ということである。確かに、学習指導要領解説を読んでも、国語科において指導すべき事項として書かれていることは、抽象度が高いと感じる。そのため、私たちが国語科の指導内容を理解するためには、学習指導要領解説を丁寧に読み解く必要があるし、学習指導要領解説に書かれていることを、実際の教科書教材と照らし合わせていく作業が極めて重要になる。そうして、国語科の指導内容を把握した上で、教科書会社発行の指導書や、教科書の「学習の手引き」などを参照しながら、当該教材における「指導内容」を設定するのである（なお、国語科の指導内容について理解する際、筑波大学附属小学校国語教育研究部（2016）や、工藤哲夫ほか編（2019）などの書籍が大変参考になる）。

2 「教えたいこと」を「学びたいこと」へ

　「指導内容」を明確にしたうえで、私たち教師に求められるのは、子どもたちが意欲的に学習に取り組むことができるような手立てを考えることである。

　「発問の役割は、教師が教えたいことを、子どもが学びたいことに転化することである。」

　これは、吉本均（1979）の言葉である。私は、この発想こそが、授業改善の大きなポイントだと考えている。「指導内容」というのは、いわば、教師が「教えたいこと」である。吉本が示唆するのは、目指すべきは、教師が「教えたいこと」を「そのまま教える授業」ではなく、教師が「教えたいこと」を子どもが「学びたいと感じるような授業」だということである。そして、元来、その役割を果たすのが「発問」だということである。しかしながら、国語授業における一般的な発問（「第〇段落には、どんなことが書かれていますか」）が、必ずしも、「教師が教えたいことを、子どもが学びたいことに転化する」という役割を果たしているとは言えない。

　そこで本稿では、子どもたちの「学びたい」「考えてみたい」「話し合ってみたい」という思いを引き出すような発問の工夫として、以下の2つを提案する。

【発問の工夫①】「判断を促す発問」

　「すがたをかえていると思う食品ランキングをつくろう」（「すがたをかえる大豆」）のように、いくつかの選択肢（事例や段落など）の中から、自分なりに判断して考えをもたせ

る発問が、「判断を促す発問」である。選択肢の中から立場を決め、その理由付けをすることで考えの形成と表現ができることから、子どもにとって比較的考えやすい発問形式であると言えるだろう。挙手等で「見える化」することで、異なる立場の存在を知り、「意見を聞いてみたい」という話し合いへの意欲を引き出すことができると考えている。

【発問の工夫②】「もしも発問」

「もしも、題材が『サッカー』ではなくて、『フットサル』だったら……?」(「アップとルーズで伝える」)のように、教材の「内容」や「表現」などを取り上げ、実際の文章とは異なる場合を仮定する発問が、「もしも発問」(現時点において5つの方法がある)である。

　①「ある」ものを「ない」と仮定する方法（もしも、○○がなかったとしたら?）

　②「ない」ものを「ある」と仮定する方法（もしも、○○があったとしたら?）

　③別のものを仮定する方法（もしも、○○が◇◇だったとしたら?）

　④入れ替えを仮定する方法（もしも、○○と◇◇が入れ替わっていたとしたら?）

　⑤解釈を仮定する方法（もしも、○○と考えたとしたら?）

　　　　　＊詳しくは、拙著『「もしも発問」の国語授業』(東洋館出版社)を参照いただきたい。

　同じ教材文を繰り返し読んでいる子どもたちにとって、「もしも、○○だったら…?」と別の場合を仮定する行為は、非常に新鮮で、刺激的な行為に感じられるようである。それゆえ、「もしも発問」は、活発な思考を促し、「発言したい!」という思いを引き出すことができる発問方法であると考えている。

1　教材分析

1　育てたい資質・能力

　目的に応じて、文章と図表などを結び付けるなどして必要な情報を見つけたり、論の進め方について考えたりすること。

2　本教材の特性

　図や表、グラフ、写真など、文章以外の資料を用いて、説明内容の理解を促したり、説得力をもたせたりしている点が、本教材の最大の特性である。

3　単元化のポイント

　「図表やグラフなどを用いて書く」という次の単元の学習への見通しをもたせ、「書き方を学ぶ」ということを意識しながら学ぶことができるような単元構成を行っている。

〈参考文献〉
阿部昇（2004）「国語科の教科内容解明という課題」『全国大学国語教育学会発表要旨集一〇六』全国大学国語教育学会
筑波大学附属小学校国語教育研究部（2016）『筑波発 読みの系統指導で読む力を育てる』東洋館出版社
工藤哲夫ほか編（2019）『小学校・中学校 学習用語で深まる国語の授業』東洋館出版社
吉本均（1979）『学級で教えるということ』明治図書出版

2　単元構想（全6時間）

単元名

資料を用いた文章の効果を考えよう

単元計画

○数字は時数

一次	二次	
①どんな内容の説明文かな？	②何型の文章かな？ （頭括型・尾括型・双括型）	③「中」の段落を2つに分けるとしたら、どの段落で分ける？
・題名読みを行い、これから学習する文章についてイメージをもつ。 ・「資料を用いた文章の効果を考え、それをいかして書こう」という学習課題を設定し、学習計画 を立てる。	・「初め」「中」「終わり」のまとまりを確かめる。 ・「初め」「終わり」で書かれている、筆者の考えの中心を捉える。 ◀改善ポイント①	・どの段落を境目にして、「中」の段落を2つに分けるかを話し合うことを通して、大きな段落のまとまり（意味段落）や、それぞれの段落の内容を捉える。◀改善ポイント②

単元の概要

　「図表やグラフなどの資料を用いて文章を書くこと」を見据え、そのような書かれ方がされている説明的な文章を読む単元である（教科書では、「書くこと」についても、本単元の後半に設定されている）。

　第2時における文章構成や筆者の主張の把握、第3時の意味段落分けなどの「論の進め方」に関する事項、第5時における要旨を捉えて書く活動などは、説明的な文章の基本的な指導内容である。そうした事項を扱いつつ、本教材ならではの指導内容として、第4時において、資料の用い方に関する内容を扱う。第4時は、資料の用い方における筆者の意図を解釈する活動を通して、目的やねらいに応じて、資料を「効果的に」使うことの大切さを理解させることが目的である。文章以外の資料は、読み手の理解を助けたり、説明内容に説得力をもたせたりするねらいで用いられていること、また、筆者は、必要な資料を精選し、明確な意図をもって用いていることなどについて理解を促したい。

目標

〈知識及び技能〉図などによる語句と語句との関係の表し方を理解し使うことができる。

〈思考力、判断力、表現力等〉目的に応じて、文章と図表などを結び付けるなどして必要な情報を見つけたり、論の進め方について考えたりすることができる。

〈学びに向かう力、人間性等〉文章と図表などを結び付けて読み、筆者の工夫を自らの文章に生かそうとする。

評価規準

〈知識・技能〉図などによる語句と語句との関係の表し方を理解して使っている。((2) イ)

〈思考・判断・表現〉「読むこと」において、目的に応じて、文章と図表などを結び付けるなどして必要な情報を見つけたり、論の進め方について考えたりしている。(C (1) ウ)

〈主体的に学習に取り組む態度〉文章と図表などを結び付けて読み、筆者の工夫を自らの文章に生かそうとしている。

	④最も興味をもった資料は？【本時】	⑤この要旨の問題点は？	三次
			⑥考えたことを伝え合おう
	・筆者が図表やグラフ、写真を使った意図と効果を考える。 ・筆者の考えや論の進め方について、図表などの効果にも触れながら、自分の考えをまとめる。 ◀改善ポイント① ◀改善ポイント②	・「抽象的過ぎる要旨」や「具体的過ぎる要旨」など、教師が提示したものの問題点について話し合い、整理する活動を通して、要旨の書き方を理解する。 ・文章の要旨を 150 字程度でまとめる。	・これまでに学んできた筆者の説明上の工夫や、図表を用いて文章を書くときに生かしたいことについて、グループで話し合う。

授業改善のポイント

改善ポイント① 「判断を促す発問」

第2時では、第4学年までに学習している「頭括型」「尾括型」「双括型」の文章構成について復習した上で、「この文章は、何型の文章かな？」と発問している。また、第3時では、「中の段落を2つに分けるとしたら、どこで分ける？」という発問を行っている。いずれも、自分の立場を判断させた上で話し合うことを通して、文章の構成について整理することがねらいである。さらに、第4時では、「最も興味をもった資料は？」という発問を行っている。ここでは、各自の興味・関心に応じた選択を促すことで、学習に対する意欲を引き出すことを意図している。

改善ポイント② 「もしも発問」

第4時では、「『ない』ものを『ある』と考える」という仮定の方法による「もしも発問」を行っている。仮定した部分がもともとの文章に、「ないことの意味」を考えさせることが、解釈に終始せず、指導内容を明確化する上で非常に重要である。

3　授業イメージ

1　本時（第4時）の目標

・資料の用い方における筆者の意図を解釈することを通して、目的やねらいに応じて、資料を効果的に使うことの大切さを理解する。

2　授業改善のポイント

「なぜ、アマミノクロウサギやニホンリスの資料が用いられていないのか？」と直接問うのではなく、子どもたちがその問いをもつことができるようにするのがポイント。「もしも、資料を加えたとしたら……？」と、二つの生物の写真を掲示し、資料があった方が読み手にとっては分かりやすいことを確認した上で、筆者が資料を用いていない理由について解釈させる。

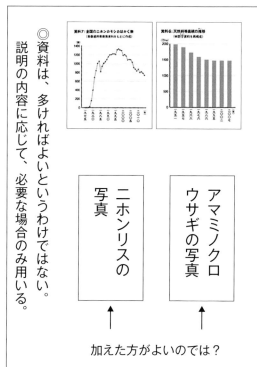

◎資料は、多ければよいというわけではない。説明の内容に応じて、必要な場合のみ用いる。

ニホンリスの写真

アマミノクロウサギの写真

↑　　　↑

加えた方がよいのでは？

3　授業の流れ

1　作品の終わり方を確認する

> 説明文に出てきた順に、資料を並べ替えよう！

「『固有種が教えてくれること』には、様々な資料が出てきました」と、7つの資料を順不同で黒板に掲示後、「これらを、説明文に出てきた順番に並べられますか？」と提案する。

本時の学習においては、資料について考えるということを意識させる。

2　学習課題の提示

> 最も興味をもった資料は？

「七つの資料の中で、最も興味をもったものは、どれですか？　1つ選んで、ノートに書きましょう」と、各自の興味・関心に応じた選択を促す。ノートには、その資料を選んだ理由も記述するように伝える。

意見の交流を行う前に、ネームマグネットを黒板に貼って、それぞれの立場を表明させるようにする。

固有種が教えてくれること

今泉　忠明

最も興味をもった資料は？

資料5の写真

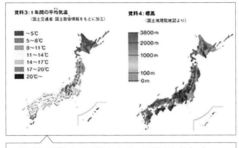

資料を選んだ理由として発言された
内容を、資料の周囲の周囲に板書する。

資料画像出典：令和2年版光村図書『国語五　銀河』

3　もしも発問の提示

> もしも、次の資料が加えられた
> としたら？

　「初めて聞くものごとも、資料があるお
かげで、よりよく理解することができる」
ということを共有した上で、「もっと理解
しやすい説明文にするために、次の資料を
加えたらどうかな？」と切り出し、「もしも、
アマミノクロウサギや、ニホンリスの資料
が加えられたとしたら、より分かりやすい
と思いませんか？」とゆさぶり発問を行う。

4　学習内容の確認

> 読み手にとって必要な資料を用
> いることが大切だね。

　「資料は多ければよいわけではない」、「説
明の内容に応じて、必要な場合のみ用いる」
など、効果的な資料の活用について整理す
る。その上で、「読み手にとって本当に必
要な情報かどうかを考えて、資料を用いる
か否かを判断することが重要ですね」と、
書き手側の視点に立ったまとめをすること
で、この後に控えている「資料を用いて書
く活動」につなげる。

言葉の意味が分かること（光村図書）

東京都私立学校　笠原三義

私の授業改善プラン

1　国語授業における「読むこと」授業の問題点

私は、先行研究※や自身のこれまでの指導の実感から以下の4つの問題に整理して対応している。

①あいまい問題（指導内容、学習用語の定義、日常読書との違い、読みの力の実感等）
②見えない問題（単元間また6年間の系統性、既習と未習、教材の特性等）
③バラバラ問題（指導事項の定着度、基本的な学習技能の運用能力等）
④つまらない問題（教員の知識の押しつけ、言語活動ありきの単元計画、発達段階やレ
　　　　　　　　ディネスに対する配慮の欠如等）

これらは1時間の中で解決できる問題から、義務教育段階を見通さないといけないもの、また個人で解決できるものから、組織で動かないと解決が難しいものまで様々である。また、複数の問題が関わっている事項もある。これらの問題点への対応策を以下に示す。
※は『筑波発読みの系統指導で読む力を育てる』（2016）に詳しい。

2　問題を解決し、深い学びを生む「3A」のある授業デザイン

私は、これらの問題を解決するためには教材を使って児童の感情をゆさぶり、自分事になることを支援するような授業デザインが必要であると考える。

事前の教材研究が大切なのは、論を待たない。その上で、授業の中に3つのAを引き出し、吟味し、受容する授業をデザインしたい。

まず1つ目のAは、「あるある」である。授業の導入においては既習の知識と結び付けて子どもの興味を喚起し、学習の土俵に載せたい。授業の終末においては、別の事象とのつながりの予感をもたせ、教科や単元を超えて学習内容や技能を転移させていく視点をもたせたい。2つ目は「あれあれ？」である。授業のなかで、子どもの課題意識を引き出し、授業を自分事にさせたい。子どもにとって取り組みたい動機付けとなる。そして、終末では、他にもこれまでにも同じようなことがあったなど、既習とのつながりの発見において「あれあれ！」いうつぶやきで表出させたい。3つ目は「ああ〜」である。授業の中盤においては、友達の意見に対して共感的に寄り添いながら、対話を通して様々な発見をさせたい。そして終末においては納得を示す言葉として表出させたい。

これらの3つのAが、単元の計画や授業の中に様々なしかけやファシリテーションを通じて発現する授業デザインを行い、感情と結び付いた発見や納得のある「深い」学びを実現させていきたい。

1 教材分析

1 育てたい資質・能力

「原因と結果」の関係を捉える力（知識及び技能）

文章の表現や構成に注意して、文章の要旨を捉える力（思考力、判断力、表現力等）

粘り強く文章全体の構成を捉えて要約し、筆者の考えに対する自分の考えを発表しよう
とする力（学びに向かう態度、人間性等）

2 本教材の特性

本教材の特性は、以下の2点にまとめることができる。

①練習教材と本教材は、初め、終わりに筆者の考えが示され、「中」で定義や筆者の
考えを論証する事例が示される双括型の文章構成であること。
②本文内に、「原因と結果」の関係をもつ叙述がなされている。

特に①の特性に着目できるようにすることで、児童は三次の自分自身で要旨をまとめる
言語活動に対する見通しが立ち、学習に対する意欲を高めることができるだろう。

3 単元化のポイント

「主体的・対話的で深い学び」を実現させる授業デザイン

単元の導入では、あやとりや言い間違いの経験を想起させ「あるある！」という言葉を
引き出して、子どもの興味・関心を引き付けたい。場合によっては、実際にあやとりをやっ
たり、言い間違った経験を語り合う時間を短く設定したりする。その上で、「違う見え方
もあるみたいだよ」等とゆさぶる場面を設定して「あれあれ？」と課題意識をもたせたい。

単元の展開部では文章構成の捉え方について、これまでの説明文教材での学習経験を想
起させることで「あるある」と既存の知識を援用することで本教材をつなげて比較し、「あ
れあれ！」と教材の特性をつかませたり「ああ〜」と共感的に理解を深まらせたりするこ
とができるだろう。これまでの教材に頻出してきた文章構成は、「尾括型」である。この
学習経験を想起させた上で「見立てる」を比較すると、子どもは文章構成の違いに驚くと
ともに、まとめや筆者の主張で事例を挟んだ「双括型」を知ることになる。この学習経験
を「言葉の意味が分かること」の文章構成の理解に援用することでの段落の役割を理解す
ることが容易になり、筆者の考えを捉えて要旨をまとめる作業に対する見通しが立つよう
になる。

終末部においては、本教材で身に付けた力が今後の学習や生活にどのような場面で生か
せそうか、「あるある」「あれあれ！」「ああ〜！」とつなげることで、得た知識や技能の
有用性を確かめ、学びに向かう力を養い、言葉による見方・考え方のよさを感じさせたい。

2 単元構想（全7時間）

単元名

文章の要旨をとらえ、自分の考えを発表しよう

単元計画

○数字は時数

一次		二次	
①文章の話題を捉え、文章構成を確かめよう	②構成と内容から、文章の要旨を捉えよう	③「中」の事例の取り上げ方、役割や関係を捉えよう【本時】	④筆者の考えを捉え、要旨を押さえよう
単元の学習課題を確認する。 「見立てる」を読み、話題を押さえる。 筆者の考えを押さえるために、文章構成を検討する。	前時に検討した文章構成をもとに、筆者の考えを伝え合う。 前時に学習した文章構成の見方を生かして、「言葉の意味が分かること」を読み、話題と文章構成を確認する。 ◀改善ポイント①	「中」がいくつの事例に分かれるか検討することで、段落に内容のつながりと同時に「原因」とそれに対応する内容（結果）の関係があることを確かめる。 ◀改善ポイント②	文章構成を表にまとめ、練習教材を想起させ「初め」と「終わり」に筆者の考えが書かれていることを確かめる。 ◀改善ポイント① 第2時に学習した「初め」と「終わり」のどちらに筆者の考えがより込められているかを検討する。 ◀改善ポイント③

単元の概要

練習・本教材双方に共通する事としては以下の2点がある。

①双括型の文章構成で書かれており、論のまとめや筆者の考えを捉えやすいこと

②共に、筆者の要旨を捉える言語活動が設定されていること

　これらの特徴を生かすために、一次で学習した事を二次の学習の『お手本』として、必要に応じて振り返り、生かしたい。

　要旨をまとめる作業は、子どもの間の差が出やすい活動である。筆者の考え方を捉え、明確な要旨のまとめ方の手順を提示した上で、全体での共同作業や、個人作業の時間を設定する必要があるだろう。150字という文字数も、厳しめに設定して意欲を喚起したり、緩く扱って取り組みやすくしたりするなど、児童の実態に合わせて柔軟に指導したい。可能であれば第3〜5時を +1時間の4時間配当とし、単元のねらいを達成するために丁寧な指導を行いたい。

目標

〈知識及び技能〉原因と結果など情報と情報との関係について理解することができる。

〈思考力、判断力、表現力〉事実と感想、意見などとの関係を叙述をもとに押さえ、文章全体の構成を捉えて要旨を把握することができる。

〈学びに向かう力、人間性等〉粘り強く文章全体の構成を捉えて要約し、筆者の考えに対する自分の考えを発表しようとする。

評価規準

〈知識・技能〉原因と結果など情報と情報との関係について理解している。((2)ア)

〈思考・判断・表現〉「読むこと」において、事実と感想、意見などとの関係を叙述をもとに押さえ、文章全体の構成を捉えて要旨を把握している。(C(1)ア)

〈主体的に学習に向かう態度〉粘り強く文章全体の構成を捉えて要約し、筆者の考えに対する自分の考えを発表しようとしている。

			三次
	⑤この文章の要旨をまとめよう	⑥筆者の考えに対する自分の考えをまとめよう	⑦筆者の考えに対する自分の考えを、友達と伝え合おう
	「見立てる」での学習を思い出して要旨を捉える際の大切な観点を共有する。 要旨のまとめ方の手順を明示して、途中まで一緒に行う。 ◀改善ポイント③▶ 個人で要旨（150字）をまとめる。	学習の手引きを参考に、筆者の考えや事例の示し方やつながりについて感じたことをペアで交流する。 ペアで交流したことを生かして、自分の考えを書きまとめる。	前時にまとめた自分の考えをグループで交流する。 交流の観点を①筆者の考え②考えを伝えるための工夫の2つに分けて聞き合う。 「たいせつ」を参考に、単元で学んだことを確かめる。 ◀改善ポイント②▶

授業改善のポイント

改善ポイント① 練習教材で行う活動を第2時（文章構成）、第4時（要旨の捉え）、第6時（筆者の考えに対する意見の形成）の活動に生かす。前時の板書の写真を提示するなど、視覚的援助も行う。

改善ポイント② 「原因と結果」という情報の表し方について、第3時に本教材内で扱った上で、他教科や生活の中でもないか想起させる。その活動をした上で、第7時で実際に使って文章を考える活動を入れて、日常でもこの情報の関係に気付き、活用できるようにさせる。

改善ポイント③ 要旨のまとめ方の手順を丁寧に扱う。文章構成への着目→筆者の考えの段落の捉え→キーワードや考えの表現など要旨を読み取る際の着眼の仕方と、まとめや主張部を引用した上で、条件に合わせて適宜表現を削ったり、書き換えたりさせる。児童の実態に応じて全体作業や個別作業の割合を調整していく。

3　授業イメージ

1　本時（第３時）の目標

・教師の出したダウトの分け方をきっかけに検討することを通して、事例のまとまりやその役割と関係（原因と結果など）に気付くことができる。

2　授業改善のポイント

　中のみを１枚にまとめたワークシートを配布・掲示資料に使い、概観できるようにする。まとまりに分けたり、分かれ目を移動させたりする時には色テープで視覚的に分かるようにする。検討の中で、内容のまとまりだけでなく、段落同士の関係の中の「原因」と対応する「結果」の関係にも気付かせていく。

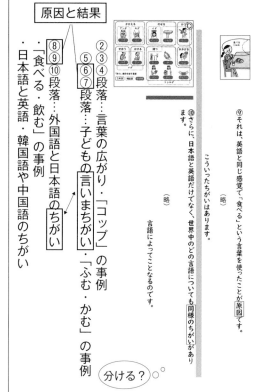

原因と結果

・「食べる・飲む」の事例
・日本語と英語・韓国語や中国語のちがい

⑧
⑨
⑩　段落…外国語と日本語のちがい

②
③
④　段落…言葉の広がり・「コップ」の事例

⑤
⑥
⑦　段落…子どもの「言いまちがい」・「ふむ・かむ」の事例

⑨それは、英語と同じ感覚で「食べる」という言葉を使ったことが原因です。

⑩さらに、日本語と英語だけでなく、世界中のどの言語についても同様のちがいがあります。

こういったちがいはあります。

（略）

（略）

言語によってことなるのです。

分ける？〇。

3　授業の流れ

1　挿絵を提示し、中がいくつに分かれるかを問う

C：あれ？　そうかな？

T：挿絵は３つ、中も、３つ？

　前時に確認した文章構成表から、「中」が②～⑩段落であることを確認する。教科書の挿絵Ⓐ～Ⓒを提示して、「『中』は３つに分かれるのかな？」と問う。子どもからは、肯定する反応と否定する反応のズレが生じるだろう。そこで、「『中』はいくつに分かれる？」という学習課題を設定する。

　中のワークシートを配布し、自分で考える時間をとる。その後、ペアでいくつに分かれるかを短く話させたうえで、指で示させる。子どもからは、「３つ」や「４つ」の意見が出るであろう。

2　ダウトの分け方を提示して、検討する

あれあれ、ちがう！

先生が分けてみたよ。

　３つ（②～⑥／⑦⑧／⑨⑩）のまとまりに色テープなどを使って分けて掲示を検討をし、意見を整理する。

１　⑥⑦や⑧⑨を別に分けることについて

どちらも、「言いまちがいや言葉のちがい（⑥・⑧）」と「その原因（⑦・⑨）」を区切るのがおかしい。

→②～⑤／⑥⑦／⑧～⑩に分ける。

２　⑤⑥を分けることについて

⑤末と⑥文頭のつながりが切れるのはおかしい（「まちがい」と「言いまちがい」）。

→②～④／⑤～⑦／⑧～⑩に分ける。

言葉の意味が分かること

◎「中」はいくつに分けられる？

今井 むつみ

②それでは、
考えてみましょう。
（略）

③あなたが、

④ここから分かるように、
わなければなりません。

⑤一つの言葉がどこまで使えるのか。
決まってくるのです。
（略）

そのため、うまくいかなくて、よくおも

⑥あるとき、こんな言いまちがいに出会いました。
しろい「まちがい」をします。
（略）
でしょうか。

⑦よく考えてみると、
（略）
つまり、この言いまちがいが
いの原因は、自分が覚えた言葉を、別の場面で使おうとしてうまくいかなかったこと

⑧同じことは、
いえます。言葉のはんいを広げて使いすぎたのです。

このような表現をしたのでしょうか。
（略）

使い方も理解してもら

挿絵：カワチレン（令和２年版光村図書『国語五 銀河』より）

3　⑩段落と９段落は分けても良いかとゆさぶる

> あれあれ、でも……。

> ⑩は⑨と、分けた方が良いかな？

　挿絵で分けると「ふむ」「かむ」（挿絵Ⓓ）を足して４つに分ける児童もいる。挿絵のある⑩は⑨と分けた方がよいか、ゆさぶる。

　分ける考えとしては、挿絵に合わせる考えや英語と他の言語（中国・韓国語）とを分ける考え、分けない考えとして内容に合わせる考え（⑧⑨と⑩は、日本語と多言語の「ちがい」について述べているため、同じ話題だから分けない）が予想される。中の文章構成全体を概観し、⑤〜⑦を「言いまちがい」、⑧〜⑩を「言語によるちがい」とする。

4　中の事例の挙げ方や役割についてまとめる

> ああ〜なるほど。

> 筆者の「中」の書き方の工夫は？

> 他でもあるある。

　中の事例が、大きく３つに分かれることを確認する。その中でも

①取り上げている事例によるつながり
②接続詞などによるつながり
③原因と結果などの段落の役割によるつながり

などを発見したことを確認する。

　特に原因と結果の関係については、時間があれば、身近な生活の中でこのような言い方をすることがあるか、例を挙げて考えるとより理解が深まるだろう。

インターネットの投稿を読み比べよう（東京書籍）

宮崎県・都城市立五十市小学校　比江嶋哲

私の授業改善プラン

1　「教わる」学習から「課題意識をもって他者と交流する」学習へ

「主体的・対話的で深い学び」とは、どのように授業化していけばいいのだろう。青木伸生氏は、「読むこと」における「深い学び」を子どもが今まで身に付けてきた読みの技能とか読み方を更新し続ける、その学びの過程そのものと考えている。「深い学び」成立のためには、子どもが自ら自分の読み方を自覚し、読む対象や自分自身の読む行為に対する課題意識が必要で、それがすなわち「主体的な学び」である。また、自分の読み方がそれでよいのかをモニタリングするためには、他者との交流は不可欠で、それが「対話的な学び」となると述べている（『定番教材で読む『深い学び』をうむ国語授業』東洋館出版社より）。

つまり、これまでの「教わる」授業から、「課題意識をもたせ、他者と交流させる」授業が求められていると考える。本単元でいうと、「説得のくふう」という単元の「付けたい力」について、自分たちで課題意識をもち他者と交流し、自分の読み方を更新する授業の工夫が必要になってくる。

2　課題意識をもたせ、他者と交流させる「アイテム」の活用

課題意識をもたせ、他者と交流するために、「アイテム」を活用した授業改善を考えてみた。「アイテム」とは教具のことである。次のような視点で使っていく。

○「分かる」……付けたい力を子どもたちが分かる
○「簡単」……全員が考えと根拠をもち思考できる
○「楽しい」……友達との議論の深まりや広がりがある

今回は、図のような円を二つ組み合わせて作る、「主張メーター」を考えた。動かした円の面積の大きさで、どちらがどれくらいか表すものであり、可視化することで、考えを示し、交流しやすくなる。

1　それぞれの考えを表す

健康　勝利

2　説得力がある・ないを表す

ない　ある

1　教材分析

1　育てたい資質・能力

　本単元で育てた資質・能力（付けたい力）は、「説得のくふうを読み取る」である。

　本教材は、投稿を読み比べて説得の工夫を考え、自分の意見を文章にまとめるという流れになっている。「説得のくふう」については、「自分の経験を述べる、有名な人の言葉を引用する、ことわざや格言を使う、具体的な数値を使う」が挙げられている。

　他にも、インターネットの議論に参加する態度の資質・能力も育てられる教材である。

2　本教材の特性

本教材は新教材で、次のような特性があると考える。

---

①新聞の投稿と違い議論の流れがあり、多くの考えを知ることができる。

②説得の工夫について、経験・有名人の言葉・格言・数値が使われている。

③参加する態度で言葉の使い方や聞き手を考えた発言が大切であるということも学習できる。

④論題に対して自分の意見を考え、説得の工夫を身に付けることができる。

3　単元化のポイント

　学習課題は、「投稿を書いた人たちの主張と説得のくふうを読み取ろう」とし、次のような点を意識して単元化する。

○それぞれの書き手は、どんな意見や主張を述べているか

○読み手を説得するためにどのような工夫をしているか

○インターネットの議論への参加の仕方や態度はどうか

○書き手の意見や主張についてどう思うか

　予想される子どもたちのつまずきとして、11 もある投稿を読む意欲が高まらない、それぞれの主張と議論の流れまで読み取れないといったことが考えられる。

　このつまずきを「課題意識をもって他者と交流する」ことで、乗り越えさせていきたい。そのために、前述した「主張メーター」を活用していく。

　「主張メーター」を使い、それぞれの投稿が「健康」と「勝利」のどちらよりか視覚的に出させたい。これならば、しっかり読めてなくても自分の考えを他者に伝えることができ、考えを聞くときも課題意識をもって参加できる。話し合う中で、コメントを読み直し、主張をしっかり読みとらせていくことができる。

2 単元構想（全7時間）

単元名

インターネットの議論を考えよう

単元計画 ○数字は時数

一次	二次		
①見通しをもとう	②書き手の主張を読み取ろう【本時】	③投稿の工夫を読み取ろう	
全文を読み、学習の流れを確認する。 投稿の前の説明の部分を読み、「意見や主張・読み手を説得するためのくふう・議論への参加の仕方・書き手の意見や主張についてどう思うか」について学習することを確認する。	それぞれの書き手はどんな意見や主張を述べているか読み取る。【特性①】 「主張メーター」を使い、それぞれの主張をメーターを使って考えていく。グループで話し合ったあと、全体でずれがあるところについて考えていく。 ◀改善ポイント①・②	読み手を説得するためにどのような工夫をしているか読み取る。【特性②】「主張メーター」を使い、どれが説得力があり、どれが説得力がないか考える。 その後、投稿の工夫について全体でまとめ、参加の仕方や態度も大切ということをまとめる。 ◀改善ポイント①・②	

単元の概要

　本教材は新教材で、以前は「新聞の投書を読み取ろう」だった。今回、新聞からインターネットの投稿に変わった。具体的には、投稿が4本から11本に増えている。また、始めの考えから変化した人もいる。つまり、限られた考えではなくて、多くの考えにふれることで、主張の工夫や観点の変化などを体験することができる。また、議論の仕方の基本的な態度なども学ぶことができる教材である。こうした「教材の特性」と「指導のねらい」をつなぎ合わせたものを以下に示す。

①新聞の投稿と違い、議論の流れがあり、多くの考えを知ることができる。

②説得のくふうについて、経験・有名人の言葉・格言・数値が使われている。

③参加する態度で言葉の使い方や聞き手を考えた発言が大切だということも学習できる。

④論題に対して自分の意見を考え、説得の工夫を活用して書くことができる。

　この特性を押さえながら、自分でも活用できるように単元を設定した。始めに、①のそれぞれの主張と議論の流れをつかむ。次に、②の説得するための工夫について読み取り、③の参加の態度や聞き手を考えた発言を考え、④の自分の意見をまとめていく。

目標

〈知識及び技能〉情報と情報の関係付けを理解し使うことができる。
〈思考力、判断力、表現力等〉インターネットの投稿を読み比べて、説得の工夫を考えることができる。
〈学びに向かう力、人間性等〉積極的に文章の表現の工夫について読み比べようとする。

評価規準

〈知識・技能〉情報と情報との関係付けを理解し使っている。（(2) イ）
〈思考・判断・表現〉「読むこと」において、インターネットの投稿を読み比べて、説得の工夫を考えている。
　（C (1) ウ）
〈主体的に学習に取り組む態度〉積極的に文章の表現の工夫について読み比べようとしている。

		三次
	④説得力のある投稿を考えよう	⑤〜⑦自分の文章で意見をまとめよう
	参加の仕方や態度も含め、より説得力をもたせる書き方を考える。【特性③】 全体発表の後、Dさんの投稿について、「Dさんの投稿を、説得力のある意見に変えて、新しく投稿12に出そう」という課題をグループで考える。 ◀改善ポイント③	書き手の意見や主張についてどう思うか自分の文章で意見をまとめ、それぞれの工夫を交流する。【特性④】 自分たちの意見を掲示板に載せようという課題で、有名人の言葉・格言などを調べて賛成・反対に分かれて意見を書く。書いた意見を黒板に出していき、それぞれの工夫を話し合う。

授業改善のポイント

　この教材の課題として、「投稿が多すぎて、読む意欲が高まらない」「それぞれの主張とその変化を読み取ることが個別だと個人差が出やすい」「自分の考えを書く前に練習ができない」という点がある。次の3点が単元全体の授業改善の主なポイントである。

改善ポイント①　アイテムによる視覚的な自分の考えの決定
改善ポイント②　グループでの学び合いを活用した考えの整理
改善ポイント③　教科書の考えをリライトする活動

　主体的に学習に臨むためには、アイテムによる自分にもできそうだという意欲の向上と、友だち同士で学び合いながら、投稿のどこを見ればいいかという点を探っていく学力差を埋めていきたい。また、三次では、個人差により、どうやって書けばいいか分からないという子どもも多く出てくると思われるので、全員でDさんの投稿を考えるという方法で、三次のモデルを考えさせていくことで、付けたい力を身に付けさせる。具体的には、「主張メーター」を使い、それぞれのコメントが論題に対し、賛成なのか、反対なのか考えさせる。11あるコメント全てを自分だけでなくグループで考えたり、健康や勝利等のキーワードを教師が出したりすることで、負担を軽減したい。三次では、全員でDさんの投稿を考え、よりよい投稿を考えるという手立てで、付けたい力である「説得の工夫」について、参加する態度と合わせて身に付けさせていく。

3 授業イメージ

1 本時（第2時）の目標

・それぞれの書き手はどんな意見や主張を
　述べているか読み取ることができる。

2 授業改善のポイント

　それぞれの投稿について、「それぞれの
主張を読み取ろう」というめあてで、11
の投稿の主張について整理していく。その
際、「主張メーター」というアイテムを使い、
視覚的にそれぞれの主張について表現する
活動をしながらグループで話し合わせてい
く。それぞれの主張が、議論の流れで変わっ
ていくことも学習させたい。

Eさんの投稿でどう変わったの？

「健康・勝利のどっち」から「目的は何か」へ

いろいろな目的が出る

考えが変わった人は誰？

Fさん　健康＋楽しさ　→　勝利＋けがをしない練習

Cさん　健康　→　勝利＋けがをしない練習

まとめ

始め、「健康・勝利のどっち」から「目的は何か」に議論
が進み、その中で考えが変化していく人もいる。

3 授業の流れ

1 本時のめあてと議論の流れについて確認する

> それぞれの投稿の主張について、「主張
> メーター」を使って考えましょう。

　まず、投稿の中心になっている論題を確
認する。その論題について、賛成か反対か
を聞き、どう言えば賛成で、どう言えば反
対か基準をそろえておく。

　次に、投稿1から、賛成、反対で「主張
メーター」を使い、全員で確認しながら調
べていく。

　投稿5で、「主張メーター」を使って賛成・
反対の判断ができないことに気付かせ、E
さんの言っている「健康・勝利では対立す
るだけ」という内容から、投稿1から4ま
でを「健康・勝利」で主張を再整理させる。

2 投稿の主張について考える

> Eさんの投稿で、投稿6からどう変わっ
> たのでしょう？

　「Eさんの投稿でどう変わったのでしょ
う？」という発問で、議論内容が「健康・
勝利のどっち」から「目的は何か」に変わっ
たことに気付かせる。

　他の投稿について、「健康」「勝利」の「主
張メーター」でそれぞれの考えを整理する
ことはできないか、グループで考えさせる。

　それぞれの投稿が、「健康」「勝利」のど
ちらかの考えがもとになって、違う目的も
付け加えていることに気付かせる。

インターネットの投稿を比べよう

めあて　それぞれの主張を読み取ろう。

◎「主張メーター」で考えよう。

議論の流れ

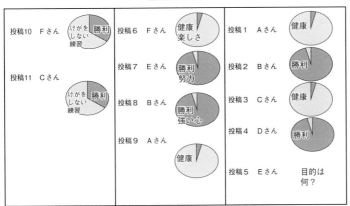

投稿10　Ｆさん　けがをしない練習／勝利

投稿11　Ｃさん　けがをしない練習／勝利

投稿6　Ｆさん　健康・楽しさ

投稿7　Ｅさん　勝利・努力

投稿8　Ｂさん　勝利・強い心

投稿9　Ａさん　健康

投稿1　Ａさん　健康

投稿2　Ｂさん　勝利

投稿3　Ｃさん　健康

投稿4　Ｄさん　勝利

投稿5　Ｅさん　目的は何？

3　考えの変化について考える

> 考えが変わった人は誰でしょう？

　それぞれのグループが発表した後、「この中で考えが最初と変わった人は誰でしょう？」という発問で、全員で考えていく。

　「最初どのような考えからどのように変わったのか」という問いで、二回投稿しているＡさん、Ｂさん、Ｃさん、Ｆさんの考えの変化について考えを深めていく。

　また、それぞれの考えは、誰の考えによって変わったのかを話し合うことで、考えを変えさせた投稿の工夫についてもふれることもできる。

4　本時の内容について振り返える

> 投稿の主張について、分かったことをまとめましょう

　それぞれの意見には主張があり、議論していく中で、いろいろな考えが加わっていくこと、その中で、説得力のある投稿によって始めの考えから考えが変わることもあることをまとめる。

　また、この時点で、経験を言っている人がいた、態度が悪くて怒られている人がいたなどの投稿の工夫や参加する態度などの具体的な感想も出れば取り上げて次時へつなげていく。

雪は新しいエネルギー（教育出版）

宮崎県・都城市立五十市小学校　比江嶋哲

私の授業改善プラン

1　国語科における学習過程の位置付け

新学習指導要領の「思考力・判断力・表現力」では、「ただ、活動するだけの学習にならないよう、活動を通じてどのような資質・能力を示すため」（小学校学習指導要領国語解説より抜粋）と学習過程を明確にし、各指導事項を位置付けた。例えば、第六学年では、「構造と内容の把握」で、文章全体の構成を捉え、「精査・解釈」では、論の進め方について考えていくような授業が求められている。

つまずきの内容

しかし、これまで学習内容が十分身に付いておらず、「文の構成が分からない」「説明の内容が分からない」というつまずきが起こり、ねらいの力である「筆者の主張」や「構成の工夫」などの論の構成について考えるところまでいけない子どもが出てくる。これは、短い時間で教材文を読みとって、三次の言語活動でまとめていくという授業展開の単元では、さらに難しくなってくる。

2　「数える・選ぶ発問」と「図と表を使った可視化」を工夫した授業作り

そこで、文章の構成と内容の把握について、「シンプルにする」という考え方で、授業改善を試みる。

具体的には、「いくつある、どこで分ける」などの「数える・選ぶ発問」を使い、とりあえず自分の考えを決めてから友達と学び合うことで、文章の構成や内容について整理していくという方法である。

どのようにシンプルにするのか

また、「図や表を使った可視化」の工夫を用いて、意味段落に書かれている内容を、分かりやすく整理させていきたい。この二つは、自分の考えを友達と話しやすく、論の構成の工夫まで考えさせることも可能である。

このように、授業で子どもがつまずきやすいところをシンプルに工夫することで、少ない時間で付けたい力が身に付く説明文の読解をさせていく。

1　教材分析

1　育てたい資質・能力

「筆者の考えを読み、説明のしかたの特徴をとらえる」である。具体的には、「構成の工夫、説明の方法、事例の内容と順序、反対の考えの提示、メッセージの出し方」などである。

2　本教材の特性

①「序論・本論1・2・結論」で分けられる説明文である。

②図やグラフ・数値を多く挙げることや具体例の順序などの工夫が見られる。

③筆者の論の立て方が、本論1で一度まとめ、本論2で可能性と課題を出している。

④筆者の主張、メッセージは何かを考えさせることの学習にふさわしい教材である。

3　単元化のポイント

本単元は7時間扱いである。そのうち、三次で「筆者の主張と説明の工夫を紹介する」という活動を入れると、導入と合わせて5時間で読み切らないといけない。そこで、文章の構成と内容の把握について「筆者の説明の工夫」を考えながら読み進めるような単元計画にしていく。

本教材には「序論で雪について話していない」「本論1でまとめて本論2で可能性を出している」「最後に筆者の主張とメッセージが書かれている」という3つの特徴がある。この部分を「この工夫はどうしてなのか」という筆者の考えを基に説明の工夫を考えるような発問をしていきたい。

そのために、文章の構成と内容の把握について全員が読み取れるように、前述の授業改善プランで挙げた「数える・選ぶ発問」や「図や表」をうまく使って、文章の構成や内容を読み取りやすいようにし、友だちと話し合い、読みをそろえさせていく。具体的な発問については、下の図のような発問を使っていく。

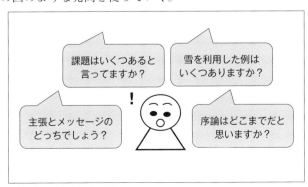

「数える・選ぶ発問」の例

2 単元構想（全7時間）

単元名

筆者の考えを読み、説明のしかたの特徴をとらえよう

単元計画

○数字は時数

一次	二次	
①見通しをもとう	②文章の構成を読み取ろう	③本論1から筆者の説明の特徴を考えよう【本時】
全文を読み、初発の感想を出し合い、これまでの説明文と比べると、構成に特徴があることや、図や表や数値の特徴、「筆者の主張と説明のしかたの特徴をとらえる」について学習することを確認する。	序論・本論・結論に分け、序論の特徴について考える。【特性①】結論はどこか先に考え、その後本論はどこで2つに分かれるかを話し合い、小見出しを付ける。最後に序論の位置について考える。◀ **改善ポイント①・②**	本論1で図や表・数値を使うよさや、説明の順序を工夫するよさについて考える。【特性②】本論1が貯蔵庫と冷房の2つの活用が説明されていることを確認し、それぞれの説明の工夫について考える。◀ **改善ポイント①・②**

単元の概要

　本教材は新教材である。図・表、数値を使った工夫や、具体例の順序、反対の意見を載せるなどいろいろな特徴のある説明文である。この教材を「筆者の考えを捉える」「筆者の説明の工夫を読み取る」で進めていくために、複雑な文章を読み取るのが難しいので、「教える・考えさせる」ことの整理が必要である教材である。

　こうした「教材の特性」と「指導のねらい」をつなぎ合わせたものを以下に示す。

①序論・本論1・2・結論で分けられる説明文だが、序論が長いという特徴がある。

②図や表・数値を多く挙げることや具体例の順序などの工夫が見られる。

③筆者の論の立て方が、本論1で一回まとめ、本論2で可能性と課題を出している。

④筆者の主張、メッセージは何かを考えさせることの学習にふさわしい教材である。

　この特性を押さえながら、自分でも活用できるように単元を設定した。

目標

〈知識及び技能〉情報と情報の関係付けの仕方、語句と語句との関係の表し方を理解し、使うことができる。

〈思考力、判断力、表現力等〉目的に応じて、文章と図表を結び付けるなどして、必要な情報を見付けたり、論の進め方について考えたりすることができる。

〈学びに向かう力、人間性等〉積極的に筆者の主張や論の進め方について、考えをまとめようとする。

評価規準

〈知識・技能〉情報と情報の関係付けの仕方、語句と語句との関係の表し方を理解し使っている。((2)イ)

〈思考・判断・表現〉「読むこと」において、目的に応じて、文章と図表を結び付けるなどして、必要な情報を見付けたり、論の進め方について考えたりしている。(C(1)ウ)

〈主体的に学習に取り組む態度〉積極的に筆者の主張や論の進め方について、考えをまとめようとしている。

		三次
④本論2から筆者の説明の特徴を考えよう	⑤筆者の伝えたいことを読み、要旨をまとめよう	⑥⑦筆者の主張と説明の工夫を紹介しよう
筆者の論の立て方について整理し、なぜ本論2を入れたのかその効果を考える。【特性③】本論2は可能性と課題を出し、具体的に何がどのように変わるのか、その可能性と課題をあえて出した理由はなぜかを考える。◀ **改善ポイント①・②**	筆者の主張、メッセージは何なのかを読み取る。【特性④】最後の文章は筆者の感想なのか主張なのかメッセージなのかを検討し、もう一度序論と合わせて読み直し、序論で何を問題にしたかったのか考え、要旨をまとめる。◀ **改善ポイント①・②**	筆者の主張と説明の工夫について考えをまとめ、それぞれの考えを交流する。【特性④】筆者の主張について読者に分かってもらうためにどのような工夫を用いたか考えを「説明の工夫紹介シート」にまとめ、交流する。

授業改善のポイント

　この教材の課題として、「構成をとらえる段階で分からない」「説明の内容をよく整理できない」子どもが出てくることが考えられる。次の2点が単元全体の授業改善の主なポイントである。

授業改善ポイント① ▶ 文章の構成を「数える・選ぶ発問」でとらえやすくする

授業改善ポイント② ▶ 「図や表を使った可視化」の工夫を用いて、意味段落に書かれている内容を、分かりやすく整理させていく

　本単元のねらいである筆者の説明の工夫について考える時間を多くするために、構成をとらえる部分、内容をとらえる部分は、「数える・選ぶ発問」を使い、自分の考えをもちやすいようにして工夫していく。また、「思考を深める発問」で、筆者の説明の工夫について時間をかけて考えさせ、付けたい力を身に付けさせていく。

　また、説明の内容を理解しやすくするために、「図や表を使った可視化」の工夫を用いて、意味段落に書かれている内容を、分かりやすく整理させていく。その際、友達との学び合いを活用し、互いの考えを交流させながら内容を整理させたい。

3 授業イメージ

1 本時（第3時）の目標

・本論1の内容を読み取り、筆者の説明の工夫を考えることができる。

2 授業改善のポイント

本論1の段落の構成理解、内容理解、筆者の説明の工夫の理解が全員できるように、「数える・選ぶ発問」を活用して、段落構成と内容の理解をスムーズにできるようにさせていきたい。深める段階で表を通して、付けたい力である筆者の考えを捉えること、説明の仕方を捉えることを目指したい。

なぜ筆者は、事例1はグラフで、事例2は数字をたくさん使って説明したのでしょうか？
・事例1は一目でわかるようにしたかった。
・事例2は数字が大きくなっていることを伝えたい。

まとめ
説得力のある文にするために、実験や具体例、数値を使って工夫している。

	雪の重さ	石油の節約	二酸化炭素
○ピラミッド	850t	8500L	25t
○サミット	7000t	2割	
○千歳空港	74000t	2割	1300t

3 授業の流れ

1 本時のめあてと本論1の文章構成を捉える

本論1で雪を利用した例はいくつ出されていますか？

まず、本論1を音読し、本論1の中にいくつの例が出されているか発表し合う。

4、5など数にずれが出るので、それぞれの例を確認していく。

次に、「その数を少ない数にまとめることはできないでしょうか」という問いで、枠で囲って大きく2つにまとめられることを確認する。

それぞれの利用法に「貯蔵庫」と「冷房」の題名を付け、本論1が、話題提示、事例1と事例2、まとめに整理できることを確認する。

2 本論1の内容を捉える

それぞれのいいところを2つずつ挙げましょう。

「貯蔵庫」と「冷蔵」について、段落を大きく2つにまとめられたら、内容について「それぞれのいいところそれぞれ2つずつ挙げましょう」という指示で友達と考えさせ、まとめていく。

内容を読み取れたら、それぞれの内容について、事例1は実験をして説明、事例2は具体例をガラスのピラミッド、サミット、千歳空港の3つを出していることと、グラフや数字、図をたくさん使って説明していることにもふれさせる。事例2は表を使って数字等を書いておくと分かりやすくなる。

雪は新しいエネルギー

めあて　本論1の内容を読み取り、説明の工夫を読み取ろう。

◎雪の利用法はいくつ出されている？

4　5

ガラスのピラミッド　話題提示

氷室
ガラスのピラミッド
洞爺湖サミット　　2つのまとまり
千歳空港　　　　　（事例）

事例①　貯蔵庫
　①かなり長い期間新鮮
実験　②あまくなる

○氷室　温度　2～4度
　　　　湿度　80パーセント

利用している　北海道　山形　新潟
事例②　冷房

具体例
　①石油を節約
　②二酸化炭素の排出をおさえる

3　説明の工夫について考える

なぜ事例1はグラフで、事例2は数字をたくさん使ったのでしょうか？

　事例1と事例2の説明の仕方に着目させ、グラフと数字を使った理由について考えさせる。事例1、2では何を伝えたかったのかということを基に考えさせ、グラフを使った方が一目で分かる、数字を使ったのは、分かりやすい、などの考えを引き出させる。次に、「事例2はなぜこんなに例が多いのか」という発問で、徐々に規模が大きくなっていることを伝えたいということも読み取らせたい。時間があれば、事例1・事例2の順番の工夫にもふれる。

4　説明の工夫について振り返る

筆者の説明の工夫についてまとめましょう。

　最後に、本論1の話題提示の部分である、雪は冷熱エネルギーと考えることができることと、本論1のまとめにある私たちの暮らしの中で様々な分野に広がっていることにふれ、筆者はこの本論1で何を伝えたくて、どう工夫したのかについて、自分の考えをノートにまとめさせる。

　「これからどうなってほしいと考えているか」という点もふれながら、書いた考えをもとにグループや全体で交流させていく。

6年　雪は新しいエネルギー　113

AI で言葉と向き合う（学校図書）

高知大学教育学部附属小学校　田中元康

私の授業改善プラン

1 「説明文を読むこと」の授業において「だいじな言葉」とは？

　説明文の要旨をまとめる授業で教師がよく用いてきた言葉として「中心」「だいじな言葉」があるのではないだろうか。例えば、私は要旨について、「筆者が文章で説明している**内容の中心となること**や、**だいじな言葉**をとりあげて筆者の考えの中心となるようにまとめたもの」という言葉で説明をしてきた記憶がある。ただ、ここで用いている「内容の中心となること」「だいじな言葉」について、聞く側の子どもは分かって受け取っていたのであろうか。子どもの側に立ち返った時、とても曖昧な言葉を用いて授業をしていたのではと恥じ入る思いでいっぱいになる。あらためて、学習指導要領で要旨についてどのように説明されているかみてみる。

> 　**要旨**とは、書き手が文章で取り上げている内容の中心となる事柄や、書き手の考えの中心となる事柄などである。**要旨を把握する**ためには、**文章全体の構成を捉える**ことが必要になる。文章の各部分だけを取り上げるのではなく、全体を通してどのように構成されているのかを正確に捉えることが重要である。その際、叙述を基に、書き手が、どのような事実や理由を事例として挙げているのか、どのような感想や意見などをもっているのかなどに着目して、**事実と感想、意見などとの関係**を押さえることとなる。
>
> （小学校学習指導要領解説国語編　147ページ）

　「事実や理由を事例」「感想や意見」という言葉を用いて要旨を捉えることを説明している。本稿では、「だいじな言葉」を用いずに「事例や意見」を読み解くことで、要旨をとる学習について提案していきたい。

2 「要旨を読むこと」のための全体構造の押さえ

　「要旨を読むこと」の授業において、全体の構造を捉えること、事例や意見を読み解くことをおこなう。その時、全体の構造は序論・本論・結論の３つで構成されているとして、次のように子どもに説明した上で要旨を捉える学習の準備をさせる。

　序論　…　どんな話か、取り上げる事柄の紹介や筆者の大きな問い

　本論　…　詳しい説明（事例）、伝えたいことが正しいと思える理由

　結論　…　まとめ（大きな問いの答え）

　　　　　　筆者がこの話の中で一番伝えたかった意見（主張）

1 教材分析

1 育てたい資質・能力

　本単元は、事実と感想、意見などの関係を押さえながら、文章全体の構成を捉え、筆者の論の進め方を考えながら要旨をまとめて、自分の考えを広げることをねらいとしている。したがって、重点項目としては、「目的に応じて、文章と図表などを結び付けるなどして必要な情報を見付けたり、論の進め方について考えたりすること」(C(1)ウ) と「文章を読んでまとめた意見や感想を共有し、自分の考えを広げること」(C(1)カ) の2つである。

　本学習材「AIで言葉と向き合う」では、日常生活での具体的な場面を取り上げている段落がある。また、オノマトペを入力して数値化した表とオノマトペを生成するシステムで使用した表を説明している段落がある。こうした筆者の意見に説得力をもたせる役目をはたしている段落は事例や根拠の段落であること、そして、それ以外の段落に筆者の考えがあるという、段落を判別する力を付けていく。この読解の力は、補助学習材「AI（人工知能）と私たちの未来」を読む場合でも使える。

2 働かせたい「見方・考え方」

　本学習材は、AI（機械）とオノマトペ（感情の表現）という対照的なものをつなぎ、AIにオノマトペを理解、表現させるという視点をもとに論が述べられている。この論を構成しているのが2つの問いである。「感覚という人の知能の働きについても、AIが実現することは可能」か、と「人間の身体を通した感覚を、どのように知識として人工知能に取りこみ、それをオノマトペのような言葉として使えるようにしていく」のか、である。この2つの問いに答えるため、事例をあげることや資料を用いるという説明があり、筆者の考えが述べられている。こうした問い⇒理由⇒答えという論の進め方が本学習材における働かせたい「見方・考え方」である。そしてもう一つの「見方・考え方」は、視点の異なる文章を読み比べることである。AIの進化について述べている「AIで言葉と向き合う」に対して、「AI（人工知能）と私たちの未来」は、AIの可能性と限界を述べている。そうした視点の異なる2つの文章を読むことが自分の考えを広げることにつながる。

3 単元化のポイント

「主体的・対話的で深い学び」を実現させる授業デザイン

　本単元の第一次で、AIとこれからどのように付き合えばよいかをあらかじめ話し合っておくことが重要である。そうすることで、第二次、三次で2つの説明文を読み、あらためて第四次で、AIとの付き合い方を話し合うという学習の見通しをもたせることができる。その結果、子どもたちは「AIの進化や可能性、限界」ということを意識して学習材を読むことを通して、論の進め方を学び、考えを広げることにつながっていく。

2 単元構想（全5時間）

単元名

視野を広げて読もう

単元計画

○数字は時数

一次	二次	
①つかむ・見通しをもつ 「AIとの付き合い方を考える」という単元のゴールを知る。 本学習材「AIで言葉と向き合う」を通読する。	②取り組む1 「AIとの付き合い方を考える」の構成を捉える。 序論　：①② 本論1：③〜⑦ 本論2：⑧〜⑬ 結論　：⑭	③取り組む2 「AIとの…」の要旨を捉える。【本時】 要旨「感覚をコンピュータに入力し、AIを生かしたシステムを使うことによって、感性にうったえることのできるオノマトペを作成することが可能になった。こうすることで、人間がAIと共存する新しい世界が開かれていく。」
AIについて知っていることを出し合い、これからどのように付き合えばよいかを話し合う。そして、2つのAIについての説明文を読んだ後で、もう一度話し合い、「AIとの付き合い方」についての考えをもつという単元のゴールを知る。その後、本学習材「AIで言葉と向き合う」を通読する。	③・⑧段落の先頭の「では」という接続語とその文が問いの文であることを手がかりに、①②を序論とする。また、⑭段落にキーワードである「オノマトペ」がないことをもとに、まとめの段落であることを確認して、⑭段落を結論とする、そして、本論を③〜⑦、⑧〜⑬の2つに分ける。	本論1のうち④〜⑥段落が、本論2のうち⑨〜⑪段落が例や資料の説明であることを読み、それぞれの答えが⑦、⑫⑬段落であることを見つける。その中心文と結論⑭段落の中心文を組み合わせて、「AIとの付き合い方を考える」の要旨をとらえる。

単元の概要

　まず、第一次で、AIについて知っていることを出し合い、単元のゴールを知る。第二次では、全文を、接続語、問いと答えの関係を見つけて、序論（①②段落）・本論（③〜⑬段落）・結論（⑭段落）の三つに分ける。また本論を、感情をAIが学習する（本論1）、オノマトペを生成するシステムをつくり（本論2）の2つに分け、考えと事例の区別から要旨まとめを行う。第三次では、「AI（人工知能）と私たちの未来」の要旨まとめ、AIと人間との関わりについて話し合う。最後に、考えと単元の最初の考えとを比べて、見方が広がったことを捉える。

目標

〈知識・技能〉書かれている話の内容 や文章の構成、論の進め方について理解することができる。

〈思考力、判断力、表現力等〉筆者の意見と事例との関係を捉え、論の進め方を考えながら要旨をまとめ、見方を広げることができる。

〈学びに向かう力、人間性等〉説得力をもつ論の進め方について着目し、視野を広げることを意識しながら要旨をつかもうとしている。

評価規準

〈知識・技能〉話や文章の構成や展開について理解している。((1)カ)

〈思考・判断・表現〉「読むこと」において、目的に応じて、文章と図表などを結び付けるなどして必要な情報を見付けたり、論の進め方について考えたりしている。(C(1)ウ)

〈主体的に学習に取り組む態度〉進んで筆者の意見に説得力をもたせるための論の進め方について考え、学習課題に沿って要旨をつかもうとしている。

	三次	四次
	④取り組む3 補助学習材「AI（人工知能）と私たちの未来」の要旨を捉える。 要旨「AIは、生活でのじゅうなんな対応は得意ではない。人間は新たな価値を生み出したり、従来からあるわく組みをかえたりすることができる。AIと人間が協力する未来を考えてみよう。」	⑤考えを広げる 「AIとの付き合い方を考える」「AI（人工知能）と私たちの未来」を読み比べて、あらためて、AIとの付き合い方を考える。 そうして、単元の最初に考えたことと今の考えとを比較して、変化していることに気付き、見方が広がったことを捉えていく。
	「AI（人工知能）と私たちの未来」は6段落構成である。主語に着目することで、AIと人間の2つを対比して述べていることが読み取れる。 AI：①②③④　人間：⑤⑥ ⑥段落は、「人間とAIの関係」を考えるという呼びかけになっていることを押さえておく。	「AIとの付き合い方を考える」と「AI（人工知能）と私たちの未来」の①〜③段落では、AIの進化と生活に取り入れられている現状が書かれたいたことを確認する。また、「AI（人工知能）と私たちの未来」の④⑤からは、AIのできないことが書かれていることも確認する。その上で、「AIと人間が協力して行えること」「人間にしかできないこと」について話し合い、AIとの関わりについての考えをもつ。単元の最初の考えとの変化を見る。

授業改善のポイント

○本単元のゴール「AIとの付き合い方を考える」を示して、単元の学習への見通しを子どもがもつことができるように、第一次の活動を構成する。

○第二次では、「だいじな言葉」「話の中心」といったあいまいな言葉を用いずに、接続語、問いの文、問いと答えの関係、具体例と資料の説明など述べ方をもとに要旨を捉えるようにしていく。

○第四次では、第一次で考えたことと、第二次で考えたこととを比較させて、その変化に気付く活動を行う。そこでは、第一次と比べて変化があったことを認め、その変化が見方の広がりであることを確認していく。

3 授業イメージ

1 本時（第3時）の目標

・「AIで言葉と向き合う」の要旨を捉える
ことができる。

2 授業改善のポイント

「だいじな言葉」「話の中心」という曖昧
な言葉を用いない。そのかわり、問いと答
えの関係、例と意見の関係で段落の役割を
読み取るようにする。

要旨の文型を示すことと、要旨にもちい
る文とを組み合わせることとを使って、
「AIで言葉と向き合う」の要旨を捉えるこ
とができるようにする。

要旨　感覚をコンピュータに入力し、
AIを生かしたシステムを使うことによって、感性にうったえ
ることのできるオノマトペを、作成することが可能になった。
こうすることで、人間がAIと共存する新しい世界が開かれて
いく。

により、人間とAIが共存する新しい世界が開かれていく。

本論2

本論1

3 授業の流れ

1 本時のめあてをつかむ

前の時間に、序論・本論・結論の3つに
分け、さらに、本論を2つに分けて、全
体の構造を見ました。これで要旨が見つ
けられそうだね。

本時は、「AIで言葉と向き合う」の要旨
をとり、筆者の伝えたいことを読み取るこ
とをねらいとして行う。まず、前時に全体
の構造をとらえたことを想起させる。次に、
2つの本論の答えと結論の文とを組み合わ
せるという要旨の見つけ方を共通理解させ
て、本時のめあてを達成する方法をつかま
せる。

2 2つの本論の答えを見つける

問いが2つあったね。その答えが書かれ
ている段落を見つけましょう。

問い1、問い2の答えを見つけていく。
本論1で④～⑥は「　」を使っていること
から例であるとして、答えは⑦段落だとす
る。その上で、③段落の問いと対応するの
は⑦段落の5文目であることを見つけてい
く。本論2で⑨～⑪は「　」を使ったり、
載せている資料の説明であったりするため
例であることを読む。そして答えは⑪⑫段
落であるが、そのうち、問いと対応してい
るのは⑫段落の1文目であることを見つけ
ていく。

AIで言葉と向き合う

「AIで言葉と向き合う」要旨をまとめよう。

要旨のつくりかた　本論1　＋　本論2　＋　結論

〈本論1〉

問い1　③段落
「感覚という人の知能の働きをAIが実現することは可能か」の答え

答え1　⑦段落
感覚を、コンピュータに入力する

問い2　⑧段落
「感覚をどのように知識として取りこみ、オノマトペのような言葉にしていくのか」の答え

答え2　⑫段落
AIを生かしたシステムを使うことによって、感性にうったえるオノマトペを、作成することが可能になった

要旨をつくる材料

本論1：感覚を、コンピュータに入力する。

本論2：AIを生かしたシステムを使うことによって、感性にうったえることのできるオノマトペを、作成することが可能になった。

結論：…今後も人間しかできないものといわれてきたさまざまなことに、AIの最新技術を取り入れることで、人間とAIが共存する新しい世界が開かれていく。

3　結論の一部を使った要旨の文型を示す

結論は⑭段落でした。その中心文は、AIと人間の関係を述べている3文目ですね。この文を使って要旨をまとめましょう。

序論でAIと人間の関係を述べていたことから、⑭段落の中心文は3文目であることをとらえさせる。そして、「問い1の答え○○や、問い2の答え△△により、人間とAIが共存する新しい世界が開かれていく」という文型を示し、要旨を書かせていく。

問い1の答え⇒オノマトペの印象を項目に分けて入力する

問い2の答え⇒人の感性に合うオノマトペをAIが作成するシステムを作る

4　学習を振り返り、まとめる

できあがった要旨を読むと筆者の伝えたいことが分かるね。筆者は、AIと人間はかかわりを深めようと言っているの？違うの？

作成した要旨を読み、本論1・2の内容と結論を手がかり完成させたことを評価する。そして、「筆者はAIと人間はかかわりを深めていこうと言っているの？」と問う。「そうだ」と答えたのを聞き、「以前、AIとの関係について考えたけれど、筆者のように感情を取り上げるというのは考えていた？」と問う。「考えていない」という反応を取り上げ、AIの新たな可能性を述べている説明文を読んでことを確認する。

メディアと人間社会／大切な人と深くつながるために（光村図書）

青森県・八戸市立中居林小学校　大江雅之

私の授業改善プラン

1　教材文の内容を契機にする

　説明文の単元を学ぶ目的とは何だろうか。

　その答えの1つとして、学んだ教材文のような説明文を、自身も表現できることになることが挙げられるだろう。学んだ教材文のような説明文を表現するためには、教材文がどのような論の展開になっているか、文章構成や表現の工夫、事例の扱い方など、その教材文を構成する要素を深く読み取ることが必須となる。そして、論を展開するためには、自身の明解な考えや意見をもっていることも必須である。よって、説明文を学習するときには、教材文の読み取りとともに、教材文の内容を契機に自身の考えを構築するような働きかけが必要であると考える。

2　編集者の意図を考える

　新教材の「読むこと」授業をデザインする際に大切な事項は、新教材が採用され配置された背景を授業者なりに考えることである。その新教材が採用され配置されたのは、時代の要請なのか、教育内容の必要性からなのか、欠けた何かを補うための教材なのか等、思いを馳せることが大切である。授業者なりに背景を捉えると、どのように授業化していけばいいのかおおまかなアウトラインが見えてくる。

　「メディアと人間社会」と「大切な人と深くつながるために」は、小学校で学習する最後の説明文となっている。これからの時代を生き抜いていく子どもたちにとって、メディアとの関わり方やコミュニケーションの考え方に対して自分の考えを持ち、実践をしていくことはとても大切なことであろう。そして、そのことに対して意識的なのか無意識なのかであることは、今後の生活においてさらに重要になってくるのではないだろうか。この卒業を前にした時期に、メディアとの付き合い方やコミュニケーションの考え方を題材にした説明文を配置するということは、そのことを意識的にとらえ、自分の考えをもって中学校へ進んでほしいという編集者の願いが見えてくる。

　よって、最終的には自分の考えをまとめ、その考えを話し合うことをゴールにする。時代を創った精鋭2人の執筆である。その内容は洗練されており、読者を引き付けて分かりやすく論が展開されている。2人の考えを読み取り、その考えに対して自分はどう思うのかを表現させたい。そして、メディアとの関わり方やコミュニケーションの取り方について、これまでの自身の経験や知識をもとにしてどのように考えるのかを表現させたい。

1 教材分析

1 育てたい資質・能力

　本教材を通して育てたい資質・能力は次の3つである。

　1つ目は、「筆者の主張を理解する」ことである。2つの説明文のそれぞれの主張は、子どもたちにとって何となく内容はつかめるが、実感を伴った理解に至るには難しい内容であると考える。しかし、小学校卒業後の生活体験によって、実感を伴うことができる。実感を伴った理解が難しいからこそ、一人ひとりの捉え方や考え方を出し合い、全体的な理解へとつなげていく機会が大切になると考える。

　2つ目は、「論の展開や表現の工夫を捉える」ことである。教材文は、それぞれの主張を効果的に伝えるために、効果的な文章構成を施している。そのことに気付かせ、自身の表現方法の一つとして取り入れていきたいという思いをもたせたい。

　3つ目は、「教材文を読んで自分の考えをまとめる」ことである。本教材のテーマである「メディアとの関わり方」と「コミュニケーションの考え方」は、これから中学校へと進学する子どもたちにとって、重大な案件である。教材文を読み、2つのテーマについて向上的な自分の考えをまとめることは、自分の考え方や捉え方の方向性を形成する貴重な機会となるだろう。

2 本教材の特性

　「メディアと人間社会」は、双括型の説明文である。人間の欲求とともにメディアが変遷してきたことやメディアと付き合っていくための考え方について、説得力のある事例を並べて説明している。それぞれのメディアについて、よさや欠点を述べていることも工夫点である。結論を述べ、結論を補完するための事例を効果的に並べ、再び主張につなげている。さながら筆者の出演しているテレビ番組の分かりやすい時事解説を味わっているような感覚になる。そして、筆者の日頃の解説の分かりやすさは、論の展開の工夫から生まれているのではないかと感じさせる教材文となっている。

　「大切な人と深くつながるために」は、尾括型の説明文である。コミュニケーションが得意ということはどういうことなのかについて、仮定・問いかけ・メディアの罪の面を取り上げるなどの論の展開の工夫を凝らし、順を追いながら語りかけるように述べている。さながらラジオの人生相談を聞いているかのような、相手の背中を押す力強いメッセージを受けている感覚になる。

2 単元構想（全6時間）

池上彰さん・鴻上尚史さんに未来や人生を学ぼう

単元計画

○数字は時数

一次	二次	
①教材文を読み、学習の計画を立てよう	②～④筆者の主張を読み取り、主張に対する自分の考えをまとめよう	
（1）筆者について知っていることを出し合い、経歴について知る。**改善ポイント①** （2）教材文を読む。 （3）学習の計画を立てる。 （4）形式段落・新出漢字・難語句について確認する。	（1）教材文を読み、三部構成をとらえる。 （2）教材文の文章構成図をとらえる。 （3）説明の型を確認し、筆者の主張をとらえる。 （4）筆者の主張に対する自分の考えをまとめる。 （5）まとめた自分の考えを紹介し合う。 ◎第4時は、教材文の表現の工夫や特徴をとらえる。そして、もし教材文がどちらか1つならどうか、3つならどのような内容がふさわしいかについて話し合う。**改善ポイント②**	

単元の概要

　三次全6時間の単元構成である。第一次では、教材文を読み、学習の計画を立てる。初めに著名な筆者の経歴について知る機会を設け、「池上彰さん・鴻上尚史さんに未来や人生を学ぼう」という単元名で学習を進めていくことを確認する。

　二次は教材文の読み取りである。文章構成・説明の型・表現の工夫や特徴等を確認し、筆者の主張を捉えるようにする。そして、筆者の主張に対する自分の考えを表現し、紹介し合う活動を設ける。もし教材文がどちらか1つだったらどうか、3つあるとしたらどのような内容がよいかについて話し合う場面を設け、三次につなげるようにする。

　三次は、2つの教材文の文章構成の工夫を確認し、自分の書き表すテーマを決め、自分の考えをまとめる表現活動を行う。自分の主張を示すには、どちらの教材文の文章構成がふさわしいかを考える。小学校最後の説明文の学習であり、自分が書き表す最後の説明文であることを伝え、主体的に取り組ませるようにする。

目標

〈知識及び技能〉教材文の文章構成や表現の工夫を捉えることができる。
〈思考力、判断力、表現力等〉筆者の主張を読み取り、それに対する自分の考えをまとめることができる。
〈学びに向かう力、人間性等〉教材文の文章構成を参考にして、テーマを決めて説明文を表現する。

評価規準

〈知識・技能〉教材文の文章構成や表現の工夫を捉えている。（(1) カ）
〈思考・判断・表現〉「読むこと」において筆者の主張を読み取り、それに対する自分の考えをまとめている。（C（オ・カ））
〈主体的に学習に取り組む態度〉教材文の文章構成を参考にして、テーマを決めて説明文を表現しようとしている。

三次	
⑤２つの教材文の文章構成の工夫を確認し、自分の「未来＆人生」テーマを決めよう【本時】	⑥「未来＆人生」テーマについて自分の考えをまとめよう
(1) 教材文の文章構成図を基に、表現したい主張に沿って構成が組み立てられていることを確認する。 (2)「プログラミングで未来を創る」の範読を聞く。 (3) 第４時で話し合った内容を示し、これからの未来や人生に関わる、考えていかなければならないテーマを出し合う。 (4) 自分の「未来＆人生」テーマを決定する。	(1) 各自で決めたテーマについて、教材文の文章構成を参考にして自分の考えをまとめる。 (2) まとめた内容を交流し合う。

授業改善のポイント

改善ポイント①　単元名を「池上彰さん・鴻上尚史さんに未来や人生を学ぼう」と設定した。単なる説明文を読み取る学習ではなく、自分たちの未来や人生を先達の二人から学び、これからの生活に生かしていこうとするというような学習への意識変換を行うようにする。そのために、第１時では、筆者の経歴を学ぶ機会を設け、単元中には教材文の「主張」の内容や「文章構成」の工夫の双方を自身の知識や考え方として学んでいくことを伝えていく。

改善ポイント②　自分が表現するテーマの選定は、小学校段階の子どもたちにとってハードルの高い学習活動であると考える。そのため、第４時でテーマ選定に関連する話し合い活動の場を設ける。そして、第５時においても第４時での話し合いを基に、テーマを選べるような幅を広げる学習場面を設けるようにする。ハードルの高い学習活動が予想される場合には、そのハードルを下げると思われる「手だて」を講じることが大切である。

3 授業イメージ

1 本時（第5時）の目標

・二つの教材文の文章構成の工夫を確認し、説明文に書く未来や人生に関わるテーマを決めることができる。

2 授業改善のポイント

今回書く説明文は、未来や人生に関わるという難しいテーマの設定になるため、手立てを講じて取り組ませるようにする。

まず、「メディアと人間社会」と「大切な人と深くつながるために」の文章構成図を確認する。主張に応じて、文章構成が工夫されていることを押さえ、資料「プログラミングで未来を創る」を読む。そして、前時の話し合いをもとに自分の「未来＆人生」テーマを決定する。

> 「みなさんは、どんな未来や人生をえがきますか。自ら想像して創造していきましょう。」
>
> もし、説明文が三つあったらどんな内容がいいだろう？
>
> ・感染症に負けない考え方
> ・AIに負けないぞ
> ・高齢化をどう支えるか
> ・ゲーム脳をふせぐには
> ・ストレスを解消するには
> ・ずっと続く友情を作る
> ・文武両道をやりとげる
> ・中学校の歩き方
> ・悩みとどうむきあうか
> ・次なるメディアを予想する
> ・親孝行をしてみたい
> ・勉強は何のためにするのだろう
> ・温暖化の地球を生きる
> ・思春期はやっかいか…
>
> 自分の「未来＆人生」テーマは
> 文章構成は 池上彰さん・鴻上尚史さん タイプ

3 授業の流れ

1 教材文の文章構成図を確認する

2つの説明文の文章構成図と特徴を確認しよう。

教材文の文章構成図を確認する。主張に応じて、文章構成が工夫されていることを押さえる。「メディアと人間社会」は双括型であり、序論に筆者の考え、本論でメディアの変遷、結論で再び主張を述べている。主張の間に事例を入れて説得力を向上させている。「大切な人と深くつながるために」は尾括型であり、序論に話題提示、本論で順序立てて話題を変えながら説明、結論で主張を語りかけるように述べている。

2 「プログラミングで未来を創る」を範読する

池上彰さん、鴻上尚史さんに続く新しいテーマの説明文を聞こう。

資料「プログラミングで未来を創る」の範読を聞く。

「みなさんは、どんな未来や人生をえがきますか。自ら想像して創造していきましょう」という終末の文章に着目し、これからの「未来＆人生」についての説明文を書く意欲を高めるようにする。

また、資料「プログラミングで未来を創る」に示されるように、未来や人生をえがくためのテーマは無数にあることを伝える。

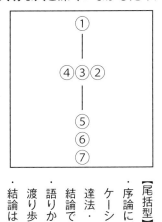

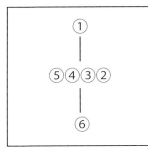

池上彰さん・鴻上尚史さんに未来や人生を学ぼう

自分が書く「未来＆人生」テーマを決めよう。

〈メディアと人間社会〉

【双括型】
・序論に考え→本論でメディアの変化の事例→結論で再び主張を述べている。
・変化だけではなく、それぞれのよさや欠点も述べている。
・主張の間に事例を入れて最後の主張の説得力をアップ。

〈大切な人と深くつながるために〉

【尾括型】
・序論に話題提示→本論でコミュニケーションを上達させる意味・上達法・インターネットの問題点→結論で主張を述べている。
・語りかけるように順序よく話題を渡り歩いている。
・結論は主張・提言・呼びかけ。

3 これからの「未来＆人生」テーマを出し合う

これからの「未来＆人生」テーマを出し合おう。

前時では、編集者の意図や願いに触れるため、「教材文がどちらか１つならどうか」「教材文が３つならどのような内容がふさわしいか」の課題について話し合っている。その時の「３つなら……」で出された内容を板書する。その内容とテーマの出し合いはリンクしている。その板書を基にして、さらにどのようなこれからの未来や人生に関わる、考えていかなければならない「未来＆人生」テーマが挙げられるかを出し合う。

4 自分の「未来＆人生」テーマを決定する

自分の「未来＆人生」テーマを決定しよう。

出されたテーマ群を参考にして、自分の「未来＆人生」テーマを決定する。

テーマを決定したら、思い描く自分の主張を効果的に伝えるためには、「メディアと人間社会」と「大切な人と深くつながるために」のどちらの教材文の文章構成や工夫がふさわしいかを決定する。次時は、決定したテーマについて、教材文の教材文の文章構成や工夫をベースに自分の考えをまとめていくことを伝える。

【編著者紹介】

全国国語授業研究会

筑波大学附属小学校国語研究部のメンバーを中心にして1999年に発足。

授業者の、授業者による、授業者のための国語授業研究会。

年1回の夏の大会には全国から多数の参加者が集まり、提案授業をもとに歯に衣着せぬ協議が行われる。

季刊誌『子どもと創る「国語の授業」』（年4回発行）、『国語実践ライブラリー』（2001）、『読解力を高める』（2005）、『小学校国語科活用力シリーズ』（2008）、『国語授業力シリーズ』（2010）、『読解力を育てる』（2011）『読解力を高める　表現力を鍛える　国語授業のつくり方』（2012）『論理的思考力を育てる国語授業』（2013）『論理的思考力を高める授業—教材研究実践講座—』（2014）『新教材の教材研究と授業づくり—論理的思考力を育てる国語授業—』（2015）『子どもと創る　アクティブ・ラーニングの国語授業—授業者からの提案—』（2016）『国語授業における「深い学び」を考える』（2017）『定番教材で考える「深い学び」をうむ国語授業』（2018）『対話で深める国語の授業』（2019）（以上、東洋館出版社）などを通して、国語の授業力を世に問い続けている。

■執筆者（執筆順）2021年2月現在

第1章

青山由紀（筑波大学附属小学校）……………… 提案授業、座談会

青木伸生（筑波大学附属小学校）……………… 座談会

大塚健太郎（文部科学省）……………………… 座談会

桂　　聖（筑波大学附属小学校）……………… 座談会

白坂洋一（筑波大学附属小学校）……………… 座談会

弥延浩史（筑波大学附属小学校）……………… 座談会

第2章

藤平剛士（相模女子大学小学部）……………… 「子どもをまもるどうぶつたち」

岩立裕子（神奈川県・小田原市立曽我小学校）…… 「はまべで　ひろったよ」

安達真理子（立教小学校）……………………… 「サツマイモのそだて方」

山本真司（南山大学附属小学校）……………… 「『しかけ絵本』を作ろう」

山本純平（東京都・葛飾区立梅田小学校）……… 「パラリンピックが目指すもの」

笠原冬星（大阪教育大学附属平野小学校）……… 「すがたをかえる大豆」

柘植遼平（昭和学院小学校）…………………… 「川をさかのぼる知恵」

溝越勇太（東京都・立川市立第六小学校）……… 「世界にほこる和紙」

三浦　剛（東京都・町田市立鶴間小学校）……… 「数え方を生みだそう」

沼田拓弥（東京都・世田谷区立玉川小学校）…… 「ぞうの重さを量る／花を見つける手がかり」

藤田伸一（小学校教員）………………………… 「動物たちが教えてくれる海の中のくらし」

流田賢一（大阪府・大阪市立本田小学校）……… 「わたしたちとメディア」

髙橋達哉（山梨大学教育学部附属小学校）……… 「固有種が教えてくれること」

笠原三義（東京都私立小学校）………………… 「言葉の意味が分かること」

比江嶋哲（宮崎県・都城市立五十市小学校）…… 「インターネットの投稿を読み比べよう」「雪は新しいエネルギー」

田中元康（高知大学教育学部附属小学校）……… 「AIで言葉と向き合う」

大江雅之（青森県・八戸市立中居林小学校）…… 「メディアと人間社会／大切な人と深くつながるために」

小学校国語
「深い学び」をうむ授業改善プラン　説明文

2021（令和3）年　3 月12日　初版第 1 刷発行

編　著　者：全国国語授業研究会・筑波大学附属小学校国語研究部
発　行　者：錦織　圭之介
発　行　所：株式会社　東洋館出版社
　　　　　　〒113-0021　東京都文京区本駒込 5 丁目16番 7 号
　　　　　　営業部　電話03-3823-9206　FAX03-3823-9208
　　　　　　編集部　電話03-3823-9207　FAX03-3823-9209
　　　　　　振替　00180- 7 -96823
　　　　　　URL　http://www.toyokan.co.jp
デザイン・印刷・製本：藤原印刷株式会社
カバーデザイン：中濱　健治

ISBN978- 4 -491-04327-2
Printed in Japan